中国文化小通史 先秦

王春瑜 主编
张晓松 著

海峡出版发行集团
福建人民出版社

图书在版编目（CIP）数据

中国文化小通史．先秦／张晓松著．--2版．--福州：福建人民出版社，2020.10（2024.4重印）

ISBN 978-7-211-08268-1

Ⅰ．①中…　Ⅱ．①张…　Ⅲ．①文化史－中国－先秦时代－通俗读物　Ⅳ．①K203－49

中国版本图书馆CIP数据核字（2019）第287522号

中国文化小通史·先秦

ZHONGGUO WENHUA XIAOTONGSHI · XIANQIN

主　　编：王春瑜

作　　者：张晓松

责任编辑：陈斯敏

出版发行：福建人民出版社　　**电　　话：**0591-87533169（发行部）

地　　址：福州市东水路76号　　**邮　　编：**350001

网　　址：http://www.fjpph.com

电子邮箱：fjpph7211@126.com

经　　销：福建新华发行（集团）有限责任公司

印　　刷：福州德安彩色印刷有限公司

地　　址：福州市金山浦上工业区B区42幢

开　　本：787毫米×1092毫米　1/32

字　　数：124千字

印　　张：6.75

版　　次：2020年10月第2版　2024年4月第2次印刷

书　　号：ISBN 978-7-211-08268-1

定　　价：22.00元

目　录

第一章　农　耕

一、原始时代的农耕

1. 原始农业、畜牧业的产生

农业的产生。农业的产生是人类历史上划时代的重大事件，它说明人类已由单纯的向大自然攫取天然产物的掠夺经济转变为农业种植的生产经济。世界上四大文明古国的诞生都与农业生产的发展密切相关。在全世界少数几个农业起源中心中，中国占了两个。

中国农业产生的时间，从考古材料看，可远溯至旧石器时代晚期。这一时期我国的母系氏族社会获得很大发展，人口增多，活动范围大大扩张，至今发现的旧石器时代晚期的遗址范围远远超过旧石器时代早、中期，北达黑龙江的漠河，东到江、浙、台湾，南达云、贵、两广，西抵青藏高原。这一时期人的脑容量也大大增加，如柳江人、山顶洞人的脑容量均在1300～1500毫升，已在现代人脑容量的变异范围之内。这些都成为农业产生的前提条件。

农业的产生主要有以下两个前提：一是随着母系氏族社会的发展，人口不断增加，分布地区、活动范围不断扩大，这时仅靠采集和渔猎经济已难以维持生存，这就迫使人类去寻求和开发更稳定的经济来源。这一点从中国古代的传说可以看出。中国古代把农业的起源归于神农，认为“古之人民，皆食禽兽肉。至于神农，人民众多，禽兽不足。于是神农因天之时，分地之利，制耒耜教民农作”。农业产生的另一个前提与妇女的采集活动有关。妇女在长期的采集过程中，逐渐掌握了许多植物的生长规律与栽培方法，这就为农业的产生提供了可能性。所以妇女在农业发明中有突出贡献，这在民俗学上可以找到一些依据，例如云南芒人在收割时，必须由妇女首先开镰，然后其他人才能动手收割；佤族人在收割后尝新时，必须请老年妇女先吃，然后其他人才能吃新谷。这些都应该是妇女发明农业的遗存。

中国在旧石器时代晚期的遗址发掘中，发现了一些农具，如斧形器、锛状器、铲，还发现有可套在尖木棒上挖掘、耕作的穿孔重石和可用来加工、磨制食物的石磨盘。说明这一时期已在孕育着农业了。到公元前1万年左右，地球的气候发生变化，最后一次冰期结束，气候逐渐变暖。雨水充足，植物茂盛，这些都为农业的发生发展提供了有利条件。这一时期，人类发明了弓箭这一能远射的先进狩猎武器。驯养了狗作为狩猎的助手，并初步掌握了植物的栽培技术。从1993年起对江西万年的仙人洞和吊桶环两处遗址的发掘证明了这一点。万年的仙人洞和吊桶环遗址距今1万年前，专家通过对大量出土的稻属植物植硅石的分析研究，推测在这里可能埋藏有栽培稻的遗存，同时还出土了农具、炊具。在距今9000年前后的桂林甑皮岩遗址中也出土了农具、陶器。在距今9000至8000年间的湖南澧县梦溪八十垱遗址中则确凿无疑地出土了一批共373粒的稻谷，具有原始栽培稻的特征。而从2001年开始发掘的浙江萧山跨湖桥遗址，距今8000年，遗址中不仅出土了稻谷，而且还有骨耜，说明当时已进入了耜耕农业。所有的这些，都确凿无疑地证明了中国是世界稻作农业的发源地。

由于我国的地域特点，在史前时期就形成了南北两大农业经济文化区和两种农业体系。如上所述，南方的长江中下游地区成为世界稻作农业的发源地。而北方地区则成为粟、黍的起源地。北方的原始农业是首先从栽培耐旱的粟开始的，从20世纪70年代发掘的位于河北省武安县的磁山遗址，年代在公元前5800年左右，即距今近8000年，在遗址中发现了大量贮存粮食的窖穴，内中残存的粮食以10万斤计，鉴定结果属粟类作物。从中可以看出当时的农业生产规模已相当可观。河南新郑县发现的裴李岗文化在年代上比磁山遗址还更早一些，发现石铲、石镰等农业生产工具和石磨盘、磨棒等谷物加工工具，还有粟类等粮食遗骸。属于黄河中游上段的老官台文化（因首先发现于陕西华县老官台遗址而得名）年代是公元前6000年前后，考古发掘证明当时已掌握了谷物栽培技术，遗址中发现了粟和油菜籽的遗物。

在中国上古传说中，粟是稷发明的，故粟又称“稷”。作为最古老的谷物之一，稷被尊为五谷之神，后世的农官也被称为“后稷”，古人还以社稷为国家的代称，可见粟在古人心目中的地位。

除了粟以外，黍也是最古老的栽培植物之一，在距今8000年左右的甘肃秦安大地湾、西安临潼姜寨、兰州青岗岔遗址等遗址中都有发现。

南北两大农业经济区的两种农业体系形成后，并非彼此孤立，而是既相互区别又相互影响。

畜牧业的产生。由于弓箭的发明以及狗的驯养，使得人类捕猎能力大大地提高，这样人们就有可能将捕猎来的、暂时食用不了或弱小的动物豢养起来。时间长了，人们慢慢地了解了动物的习性，逐渐学会了繁殖、驯养它们，原始的畜牧业由此产生。人类较早驯养的动物，除了狗以外，还有猪、羊、牛、鸡等。

原始畜牧业产生的时间和原始农业产生的时间大致相

同。在桂林甑皮岩遗址中就已发现有饲养的猪的遗骸。在磁山遗址中发现有猪骨、狗骨和目前发现的最早人工饲养的家鸡标本。老官台文化遗址中发现的猪骨随葬证明，猪不仅是当时人们主要的肉食来源，而且还可能是财富的象征。

2. 原始农业、畜牧业的发展

原始农业的耕作，经历了几个阶段。最初没有专门的农具，仅在住地附近栽培少许作物，用采集用的夹木棒等刨穴，把种子撒下，把杂草拔掉，这样既清除了杂草，又利用拔草带起的土把种子埋住。后来发展为“刀耕火种”，即先用石斧、石刀等工具把草木砍伐掉，待其干枯后再焚烧成灰。这样，焚烧过的土地松软，草木灰又可做肥料，然后刨穴、下种。这种方法有民族学的资料证明，云南独龙族种地，就是先用石刀伐木，然后纵火焚烧，再点种。

再后就发展为耜耕农业。即用耒耜翻地，改变土壤结构，增加农作物产量。最早翻地用耒，即在尖木棒偏下方安一横木，如果下边为双齿的，则为双齿耒。耜，即把尖部加宽，成板状。耜经历了从木制到石制、骨制的发展。我国在新石器时期，就已经开始了耜耕农业，到新石器时期，耜耕文化已普遍流行。在西安的半坡遗址发现有尖耒痕迹，在庙底沟、三里桥遗址发现有双齿木耒。而在南方的跨湖桥遗址、河姆渡遗址都已发现骨耜，河姆渡遗址还发现有骨耒、骨锄等农具。在耕作方法上也采用了熟荒轮作制，即对土地实行定期休耕，以增加地力，延长土地使用年限。

令人感到惊奇的是，在距今四五千年的良渚文化遗址中，竟发现了数量相当多的石犁，说明当时已使用了犁耕。当然，这只是一个局部现象，从耜耕到犁耕的过渡，是一个漫长的过程。普及性的犁耕要到战国时期才出现。

原始农业的发展，还表现在粮食产量的提高、品种的增加、农具数量和种类的增加等方面，在半坡遗址的一些瓮、罐和室内的小窖里面，都发现有粟的遗存；在马家窑文化遗址中还发现用装满粟的陶瓮来随葬，少者一个，多者达四个。这些都证明当时的产量有所提高。此外，在半坡遗址中还发现了整罐芥菜或白菜的种子，在良渚文化遗址中，发现了有花生、芝麻、蚕豆、甜瓜等种子，说明了作物种类的增加。此外，从出土的农具的数量和种类看，庙底沟类型的石制农具的数量和种类都比时代要早一些的半坡类型增加了不少，说明了原始农业正在逐渐地发展。

在原始农业发展的基础上，原始的畜牧业也得到了发展。被驯化和饲养的动物种类增加，河姆渡遗址中，除发现驯养的猪、狗的骨骼外，还发现了驯养的水牛的骨骼。位于杭嘉湖平原上的桐乡罗家角遗址，年代与河姆渡遗址相当，也发现有猪、狗、水牛的骨骼。在仰韶文化的遗址中，则发现了被饲养的猪、狗、鸡和黄牛的骨骼。而驯化的羊的骨骼在裴李岗文化、河姆渡文化和仰韶文化遗址中都有发现。到了龙山文化、齐家文化，则增加了马。

除了动物的种类增加外，在数量、规模上也有扩大，半坡遗址、河姆渡文化遗址都发现有圈养家畜的圈栏。从一些遗址墓葬中还发现用猪骨随葬。这些都说明了驯养动物数量和规模的增加。

原始的农业和畜牧业的发展，是人类向文明迈出的关键的一步，它极大地提高了人类的生存能力，促进了人类的进化和发展进程。人类依靠这两根拐杖，远远地走在了地球上所有生物的前面。

3. 原始的手工业

石器的磨制。人类的历史是从制造工具开始的，而人类最早制造出来的工具是石器，所以人类最早的历史时代被称为石器时代。正是从这一块块被打制过的石头上，我们看到了早期人类极为缓慢而清晰的前进脚步，所以有人说：早期人类社会发展史是石头写出来的。

石器时代分为旧石器时代和新石器时代，旧石器时代为打制石器，较为粗糙。大约从旧石器时代晚期开始，出现了磨制技术和钻孔技术。磨制技术被应用于骨器，随之用于小型石器。钻孔技术是两面对钻，中心穿透，在孔的两边形成两个喇叭形。磨制和钻孔技术对人类工具的改进具有极大的意义。进入新石器时代后，磨制和钻孔技术被广泛地应用在制作各种石器工具上。磨制石器可分为粗磨和细磨两类，粗磨是对掘土、砍伐等石器的刃口进行砥磨，使其具有锋利的薄刃，可极大地提高劳动效率；细磨则是对石器进行通体打磨，使得石器形制规整，棱角分明，刃口锋利。半坡遗址发现的建筑用木板长达 2 米多，宽仅为 10～15 厘米，而厚仅有 1.5～2 厘米，有的劈裂面还经过加工，板面显得光整，这种工艺水平没有磨制石器是难以想象的。

钻孔技术为木石、骨石等复合工具的产生创造了条件，而复合工具的出现对生产力的提高起了极大的促进作用。

陶器的制作。陶器的发明和使用是人类继掌握取火技术，发明原始农业、畜牧业之后又一划时代的进步。陶器的发明，使人类第一次改变了自然物的性质，使它适合人的需要，促进了熟食的推广，促进了人类体质和脑力的发展，人类因此而向文明迈进了一大步。

关于陶器的起源，很可能是原始人类在筐篮等编织的器物上涂泥，待其干透后作为容物使用，在偶然的事件中，这些器物被火烧了，编织的藤竹条等被烧为灰烬，而遗留下的泥壳却依然仍是容器，仍可使用。于是原始人悟到，可用泥制成器皿，烧制后使用。这样，陶器就被发明出来了。制陶的陶土一般选用可塑性比较强的黏土，由于各地的陶土所含的矿物质成分不同，所以烧成后陶器颜色也不同，如仰韶文化的陶器呈红色，马家窑文化的陶器呈橙红、橙黄色，有的地方为黑陶，有的为灰陶等。此外，有的地方将陶土加水拌和后经过淘澄，使之更细腻，烧造出来的陶器细密而有光泽，称为“细泥陶”，如仰韶文化的彩陶、龙山文化的黑陶。有的则在陶土中加入其他成分烧制，以提高陶器的耐热性能，加入砂粉的称“夹砂陶”，在新石器时代被较普遍地使用。加入稻壳的因烧制时炭化为黑色颗粒，故称“夹炭陶”，它是长江流域文化遗址的特征。在东北一些地方则加入蚌壳碎末，被称为“鱼骨盆”。

最早的陶器是用手捏出来的，由于手捏只能制作小件器物，于是采用泥片贴筑法，即从器底开始，用泥块逐渐向上贴，泥片少的两层、多的三四层或更多，然后用竹、木、骨质的平齿形片状器在器表平行刮抹。此外，还发明了泥条盘筑法。即把泥搓成长条或长片，由底向上层层盘叠，然后将里外抹平。手、足、嘴等部件则是另外制好，然后再将它们贴到器物上去。陶坯晾至半干时还要进行修饰，用砾石或骨器在陶坯表面轻轻磨压打光，有的还要在表面拍印、压印或刻画出各种纹饰，如绳纹、方格纹、划纹等。

陶器的最早烧制是不用窑的堆烧，即把晾干的陶坯堆放在干柴草上，上面再用草覆盖好后点火烧烤。这种方法由于热量极易散发，火候低，使陶器受热不匀，质地疏松，极易破碎。我国目前发现的最早的陶器是距今1万年的江西万年仙人洞和吊桶环遗址中出土的，共出土陶片800多块，以褐色为基调，有褐色、暗褐色、红褐色、灰褐色等，说明烧制的火候低，受热不匀，致使陶胎氧化不充分，应该是不用窑堆烧出来的。在稍后的桂林甑皮岩遗址中亦有发现。但陶的表面已有各种纹饰，制作有用泥土贴筑法的，也有用泥条盘筑法的。

江西万年的仙人洞、吊桶环遗址中出土的陶器不仅是中国最早的陶器，也是世界上最早的陶器之一。

陶器再往后发展，在制作上出现了快轮，烧制上出现了陶窑，工艺上则出现了彩陶。

最早制陶是把陶坯放在一块托板上，人围着陶坯转，很不方便。在长期实践后，人们发现，把陶坯下的托板加以转动，就可以省去人随陶坯转的麻烦，于是出现了转动托板即慢轮制陶。经轮制陶修整的陶器，不仅器型规整了许多，制陶速度也显著提高。后来，在慢轮的基础上人们又发明了快轮，即用脚蹬的方法使陶轮迅速转动，这样不仅大大加快了制陶的速度，而且使双手可以同时提拉陶泥，制出各种形状的、匀称的陶器，考古证明，我国在庙底沟文化晚期就已开始了快轮制陶。快轮制陶是制陶史上的一大进步。

为了解决无窑烧制的陶器陶质疏松、极易破碎的问题。人们在后来的实践中发明了陶窑。陶窑烧制火力集中、火候可达 1000℃左右，且受热均匀，这样烧制出来的陶器硬度高、不易渗水。在仰韶文化时期，我们的祖先就发明了窑，时至今日，窑仍在人们烧制陶瓷中发挥作用。

彩陶的出现较早的见于距今八千年的浙江萧山跨湖桥遗址，从那里发现了不少彩陶残片。而彩陶的大量出现，则在仰韶文化早期。人们在陶器入窑前画上各种黑色的图案，经烧制后，因氧化作用，陶器呈红色，衬黑色图案，十分美观。再往后发展，则在陶坯晾干后画上彩绘，彩绘的原料是用铁、锰、瓷土研磨加水而成，经烧制后呈红、黑、白三种颜色。这种彩陶出现在新石器时代后期。

到新石器时代后期，陶器的形状增多，图饰更加多样复杂。新石器时代前期的磁山文化、裴李岗文化等北方陶器的器形主要是直腹敞口的筒形罐，此外还有圈足钵和碗，在这些器物的下面常有小型的乳丁足。而河姆渡、罗家角等遗址中的南方陶器的器形则以釜为主，此外还有钵、盆、盂、罐等。南北陶器的图饰以绳纹居多，还有刻画纹等。至新石器时代中晚期，器物类型已很丰富，按用途可分为炊器、水器、饮食器、盛储器等，炊器主要有鼎、釜、甑。水器是小口尖底瓶、平底瓶和葫芦形瓶。饮食器有钵、盆、杯、盂、壶、罐、簋、鬲、瓮等。图饰除了以人物、动物、植物为题材，更多地为各种编织、纺织几何图案。

纺织技术应是由编织发展而来。而编织的发明应比陶器的发明更早。我国在江西万年仙人洞遗址及广西桂林甑皮岩遗址发现的陶器上已有编织纹，在稍后的磁山文化、裴李岗文化遗址的陶器底部上亦发现有编织纹，这是将陶坯搁置于席、麻编织物上晾干所致。由编织而受到启发，人类开始捻线纺织。捻线是把几股细长纤维拧到一起，初时用手搓捻成线，不仅费时费工，而且拧不紧密。后来人们发明了利用重物的旋转把纤维拧在一起，最初是用石块，后来又在石块上加一根杆，这就是原始的纺轮了。后来又用陶泥制成便于旋转的各式圆形纺轮，极大地提高了捻线的速度和质量。在磁山文化、裴李岗文化和河姆渡遗址中都发现了大量形式繁多的陶制纺轮，说明这一时期的捻线技术已相当发达。

捻线技术出现后，纺织就开始了。初期的纺织品大约每平方厘米有经线、纬线各 10 根，经纬线垂直相交，织成平纹布。我们可以从半坡类型的陶器上的印痕得知当时纺织品的情况：每平方厘米经纬线各 12 根，粗细均匀，线细至 0.84～0.5 毫米，可见当时纺织技术已相当不错了。由于纺织物易腐烂，所以考古发掘中很难一见。考古工作者在属于新石器时代早期的马家窑文化的江苏吴县（今属苏州市吴中区）草鞋山遗址曾发现 3 块炭化的纺织物残片，经鉴定，其纤维原料可能是野生葛，织物密度每平方厘米经线约 10 根，纬线为 10 根到 20 根不等，花纹为山形斜纹和菱形斜纹。其织造工艺比北方的平纹粗麻布要先进得多。

大约在新石器时代后期，出现了丝织品。在良渚文化的吴兴（今属浙江湖州市）钱山漾遗址中发现了我国最早的蚕丝织品：一些绢片、丝带和丝线，这些丝织品的纤维原料都是家蚕丝，绢的密度是每平方厘米有经纬线 48 根。而地处西北地区的齐家文化遗址中也发现了在一个红陶二联罐的腹部阴刻有 6 条形象十分生动的蚕，这些蚕有嘴巴、眼睛及身体的肢节，每条蚕都以不同的姿势蠕动，说明作者对于蚕的习性已十分熟悉，证明了养蚕和丝织那时已在西北地区出现。

二、夏商西周时期的农耕

1. 夏商的农业

农具。从古籍记载和考古发现中都证明夏商的农业生产有了进一步的发展，并且在社会经济生活中占有头等重要的地位。

从考古发现来看，夏商时期的农业生产工具基本上是石、骨、蚌、木等工具，以石器最多，有石铲、石镰、石斧、石刀等，石铲用来挖土、翻地，石镰、石刀用来收割，石斧用来砍伐林木、辟土种植。骨器大多为骨铲，用途与石铲相同。蚌器有蚌铲、蚌镰、蚌刀等，主要用于除草和收割。木器主要是耒耜，用于松土、翻地、挖掘，由于木器易朽难保存，所以未发现，仅发现一些遗痕，在河南安阳殷墟曾发现有双齿木耒的遗痕。

虽然从新石器时代的文化遗址中就发现了铜制器或铜片，而夏代亦进入了青铜器时代，开始了青铜器的铸造和冶炼，但目前还未发现夏代的青铜农具。（白寿彝先生主编的《中国通史》第三卷认为“中国青铜时代萌芽于龙山文化时期；肇始于二里头文化时期”。）现在发现的最早的青铜农具是商代的。属于商代的河北藁城台西遗址中出土了青铜镬、湖北黄陂盘龙城出土了青铜锸、河南安阳殷墟出土了青铜铲和镬。此外，在河南郑州商城遗址发现一处铸铜作坊，内有大量陶范，郑州二里岗也发现了大量的陶铲范，江西吴城文化遗址发现有青铜犁耜等农具。这些都说明了商代不但有了青铜农具，而且已开始成批生产。但在出土的商代农具中，大多都由石、骨、蚌等制成，这说明当时的青铜农具的使用可能还极不普遍，但青铜农具在用坏后可回炉再铸，而不像石、骨、蚌器那样被随意丢弃，这应该也是青铜农具极少发现的一个重要原因。

耕作方式。夏商时期，开始注意到对农田进行修整，以利耕作，甲骨文中把田字写成整齐的“田”或“囲”就是一个证明。田地的规整，也有利于集体耕作，夏商时期农业生产多以集体耕作的方式进行，殷墟卜辞中记为“劦田”，即协力耕作。在殷墟宫殿遗址内一王室贵族的窖穴中，发现了集中堆放着的四百多把石镰，这不可能是贵族自己使用的，应是由他们收管和分发的，说明当时是集体劳动的。

在耕作技术方面，商代已知道引水灌溉，并且有了一定的灌溉系统，商朝时把田地整治成沟和垄，农作物种植在垄上，两垄之间有小沟用以引水排水。在田间管理上，已有一套用石锄、石铲等工具松土、除草、培土、助苗等程序，甲骨文中的“蓐”，就是手持工具除草之形。

农作物的种类与产量。夏商时期，农作物的种类有了发展，常见的粮食作物主要有稷、黍、麦、粱、稻、菽、麻等，而以黍、稷为主。黍即黄米，稷即粟，去皮后称小米，都是耐旱作物。从考古发现看，河北邢台曹演庄、藁城台西等商代遗址曾出土炭化黍，河南安阳殷墟的祭祀坑曾发现一堆谷物，另在一些陶罐内部及铜鼎内等也发现有谷物残迹，有些谷物保存较好的，可看出是粟之类。在郑州商城白家庄遗址中还曾发现稻壳遗存，可见当时北方地区亦有了稻的种植。

由于农业生产技术的进步，农作物的产量也有了提高。在许多商代遗址中发现了大量的贮藏粮食的窖穴，这些窖形有长方形、圆形、椭圆形，有的深达九米。窖壁直而光滑，并有对称的脚窝可以上下，有的窖底和窖壁还用草拌泥涂抹过，有的窖底表经过捶实火烤。在一些窖穴中还留有粮食腐朽后的绿土。

由于粮食产量增多，有了剩余，用谷物酿酒之风也盛行起来。史籍记载商贵族饮酒酗酒之风盛行。在商代遗址中亦出土了大量的酒器，如觚、爵、斝、盉、卣、壶、尊之类。一般说，在商贵族中，酒器是不可缺少的随葬品。

2. 周的农业

耦耕、休耕制。西周时期，盛行耦耕的耕作方式。所谓耦耕，就是两人合作的耕作方式，两人一起合作耕垦、整治农田、除草等，这样可加快速度、提高效率。耦耕比之商代的“劦田”要进步得多。

西周时期，为了进一步利用地力，在耕作制度上采用了休耕制，即一块土地在耕种后让它休息 1～3 年，以积蓄地力，提高产量。休耕一年的田称为“菑”，两年的为“新”，三年为“畬”。

西周时期的青铜农具有所增加，从西周时期的遗址中出土有青铜镈、青铜铲、青铜镰、青铜臿、青铜镐等工具，还有可能出现了青铜的耜头或耜套。

农业生产技术的进步。西周时期，农业生产技术有了很大进步，表现在选育良种、水利灌溉、施肥除草、除治虫害等方面。西周时期，已有关于选种的记载，说明当时已有选用良种的概念。在水利灌溉上，已有了较完整的灌溉系统，诸如修陂塘蓄水、筑堤坝拦水、用沟渠引水、分水到田、用水沟排涝等，已形成一套比较系统的灌溉工程。当时已知道除虫、治虫，掌握了一定的治虫技术，如用火来诱杀害虫。

西周时期，农作物的种类也多样化，谷类有黍、稷、谷、粱、稻等，豆类有菽、荏菽、藿等，麻类有麻、苴、苎等。

随着农业生产技术的提高，粮食产量也大大增加，呈现出一派繁荣景象。《诗经》中有许多描述西周时期丰收场面的诗句，比如说收获的粮食堆得像城墙一样高，大小房屋都装满了粮食。一位贵族夸耀他的粮食要准备一千座谷仓、一万只箩筐才装得下。

3. 夏商西周的畜牧业

夏商的畜牧业。夏商时期的畜牧业虽已退居次要地位，但仍繁盛，也是生产中的重要部门。而畜牧业的发达，同当时社会对牲畜的大量需求是分不开的。牛、马等牲畜不仅是肉食品的主要来源，而且在战争、打猎、交通运输等方面都有用处。商朝时更是把它们作为祭祀的牺牲品，迷信鬼神的商朝人每祭祀一次都要宰杀大批牲畜，如牛、马、羊等，多者可达几百头、上千头，这是以畜牧业的发达为基础的。河南安阳殷墟出土的动物骨骼有马、牛、羊、猪、鸡等，有的在数百件、上千件以上，可见畜牧业之繁荣。

夏商时期作为畜牧业的补充，渔猎仍十分普遍。在夏代二里头遗址中发现了骨鱼叉、骨鱼钩、陶网坠等捕鱼工具，以及骨镞、蚌镞、铜镞和石矛头等狩猎用具。到商代，从甲骨文的记载和出土的文物可知，当时的渔猎工具和技术水平有了很大提高，已能捕获虎、熊、豹、象等大型凶猛动物。田猎不仅是一种渔猎活动，还是训练、检阅军队的军事活动。

西周的畜牧业。西周时期的畜牧业，虽有新的发展进步，在规模和地位上却逐渐下降。

西周时期，设立了许多掌管畜牧和饲养牲畜的职官，如牧人、牧师、牛人、巫马等，反映了畜牧业管理水平的提高。此外，西周人已掌握了动物的阉割术，阉割后的动物不仅性情温驯，便于饲养，而且脂肥肉壮，经济价值也提高。

西周的渔猎仍是一项经常性的活动，王室、贵族在农闲时都举行大规模的狩猎活动，而且多与军事行动相结合。鱼类在西周成为主要的副食品之一，故而不仅捕鱼工具、捕鱼技术有了发展，而且还发明和掌握了人工养鱼的技术。

4. 夏商西周的手工业

青铜铸造业。人类的进步与发展，是在不断地利用自然、改造自然的过程中实现的。火的利用和掌握、农业畜牧业的发明、制陶术的发明，使得人类一步步地向文明的门槛迈进，而冶金术的发明，更是人类向文明门槛迈出的关键的一步。它使人类的历史进程有了一个质的飞跃，当然，也给人类社会带来了血与火、带来了灾难。

人类最早冶炼和使用的金属是铜。我国在新石器时代末期，就已掌握了冶炼铜的技艺。1973 年在陕西临潼姜寨仰韶文化的遗址中发现了一件半圆形残铜片，遗址年代约为公元前 4700 年。此后，在长期的实践中，人们发现在铜中加入锡、铅等合成为青铜，不仅熔点低，而且硬度高，是制造各种器物的理想材料。目前我国已知的最早的青铜器物是 1975 年在甘肃东乡县林家的马家窑类型遗址中出土的一把青铜刀，年代约为公元前 3000 年。但从目前为止的考古发现来看，中国的青铜时代的开始，年代还要稍后一些。白寿彝主编的《中国通史》第三卷说，中国的青铜时代“肇始于二里头文化时期；发展于商代前期；成熟于商代后期和西周早期”。

青铜时代是从石器时代过渡而来，因而青铜器的铸造在其初始阶段也深深地打上了石器文化的烙印，比如青铜工具和兵器的形制大都来源于石器，青铜容器则多是从陶器的造型而来，如鼎、鬲、爵之类，而青铜器的纹饰，如云雷纹、饕餮纹等也可在石器时代的陶器、玉器上找到。

夏代的青铜铸造既是肇始阶段，这一点从河南偃师二里头遗址出土的青铜器可以证明，二里头主要出土了爵、戈、刀、镞、锥、锛、凿等，制作比较粗糙，胎质较薄，有简单花纹而无铭文，但又有了一定的发展，许多青铜器是用合范铸成；有一件镶嵌铜饰，用 61 块长方形绿松石镶嵌成两圈十字形图案，十分精美；还有一种长形牌饰，满嵌绿松石，构成绚丽的饕餮纹。这些都说明了当时的铸造技术已有相当水平。

此外，二里头遗址还发现了铜渣、坩埚及陶范的残片，说明当时已有了冶铸青铜的专门作坊。

商代，是青铜器铸造发展而达成熟的鼎盛时期。这可从以下几个方面反映出来：一是规模大、品种多、数量多。这一时期的青铜器制作规模相当大，如郑州南关外的一处商代青铜作坊遗址，面积达 1050 平方米，出土了大量陶范、炼渣，而在安阳殷墟发现的几处铸铜遗址，面积都在 1 万平方米以上，其中一处出土的陶范达三四千块之多，熔铜用的坩埚（又称“将军盔”）大者可盛铜汁 12.5 公斤。而在器种上也明显增多，属商代前期的河南郑州的二里岗出土的青铜器有烹炊器鼎、鬲、甗，食器有簋，酒器有觚、爵、斝、尊、卣、壶、罍，水器有盘、盉，兵器有戈、矛、钺、刀、镞，工具有斧、锛等。而在属于商代后期的妇好墓中出土的青铜器仅礼器就有 200 多件，器种有圆鼎、方鼎、三联甗、簋、偶方彝、尊、方罍、壶、瓿、缶、觥、斝、觚、爵、盘、香等。数量上也大大增加，妇好墓中的青铜器多达 468 件。殷墟商王陵墓区 1004 号墓的南墓道中，发现成层的戈、矛、胄等，其中仅铜矛就有 731 件。二是在铸造工艺上达到了极高水平，纹饰也繁杂而富于变化。商代青铜器由夏代的薄胎变为厚胎，工艺极为复杂，采用复合范和分铸法制作大型青铜器。1974 年在郑州出土两件大方鼎，大的一件高达 100 厘米，重 82.4 公斤，属商代前期。1982 年郑州又发现两件大方鼎，高 81 厘米，亦属商前期。属商代后期的是著名的司母戊方鼎，重 875 公斤，高 133 厘米，由 21 块内外范采用分铸造制成，铸造这样的重器，需要极高的技艺。还有一些精巧的青铜器也显示了很高的工艺水平，如殷墟出土的中柱旋龙盂，在深腹的盂中心竖立一枝花朵，绕以蟠龙，可用手拨动旋转。而商后期青铜器的纹饰也渐趋繁杂神秘，各种花纹往往布满金器，一些器物的器身还有凸起的扉棱和牺首等装饰，精致而复杂。至商周交界之际，青铜器的纹饰不仅更为繁杂，而且极富变化。主要纹饰有饕餮纹、龙纹、夔纹、鸟纹、龟纹、蝉纹等，以及云雷纹、弦纹、乳丁和其他各种几何图案。尤其是饕餮纹，常常被装饰在主体部位，显得威严神秘而生动有力，展示出一种狞厉的美，让人望而生畏。

此外，商代青铜器开始有铭文，商前期有铭文的极少，且只有几个字，至后期铭文增加为十几字、几十字，最多的近五十字。

值得注意的是商代的青铜文化形成了多元格局。四川广汉的三星堆遗址已被确认为是早商至殷末的蜀王国遗址。1986 年发现的两座器物坑里面有大量的青铜器，其数量之多、造型之精美、工艺水平之高都令人叹为观止。还有许多罕见的珍品，如一件大型青铜人像通高 260.8 厘米，身高 170 厘米，面部造型逼真，头上戴冠，冠上有羽毛状饰物，身着三层华丽衣服，衣服上有巨龙、拳爪、人面纹、云雷纹等图案。此外，还有 41 件铜人头像，大小与真人相近，神态逼真，有一件青铜纵目头像，眼球伸出眼眶 16 厘米，十分奇特。还有一些青铜做的树，最大一棵高 3.9 米，由树座、主干和三层树枝组成，每层三枝树枝，每枝上立一鸟，枝端有一颗桃状朱果。树座下有三个跪拜人像，背朝树干，面向前方。此外，还有很多青铜礼器，其风格与中原商文化同类器物接近。

西周青铜器的发展与商相反，走了一个从鼎盛到渐衰的过程。西周早期的青铜器在商的基础上继续发展，器物的形制更加高大，器壁厚重结实，体势雄伟庄严，花纹种类繁多，还出现一些新的器形，像鹅蛋脸盨、匜等。西周中期以后，形制渐趋简陋，铸造工艺也有所退步。此外，由于商朝人酗酒，西周人引以为戒，青铜酒器甚少，商代最多见的觚、爵、角、斝、尊、卣、方彝等，至周代中期以后竟至灭绝。而另一方面，青铜礼器的数量远超商代，制作也极精美，这些都是同当时的时代特征相符的。

西周青铜器的价值主要突出在铭文上。铭文所记内容十分广泛，涉及社会生活的许多方面，而多以叙述祭祀、战争、赏赐、册命的为主，最长的一条铭文是周宣王时的毛公鼎铭文，长达497字。

陶瓷业。夏代的制陶业在古文献中极少记载，所能依据的基本为考古材料。从出土文物看，夏代随着人口的增加，陶器需求量增大，陶器的生产量也迅速增长。制陶技术更显成熟，器型种类也丰富多彩。二里头遗址出土的炊器有三角足罐形鼎、乳状足罐形鼎、深腹罐、圆鼓腹罐、甑以及少量袋足甗；食器有斜壁平底碗、深盘矮圈足豆、敛口钵等；食品加工器有擂钵；盛储器有小口广肩深腹瓮、大口深腹罐和尊；水器有敞口大平底盆、敞口深腹盆、圈足盘、单耳杯；饮器有爵、觚、杯、盉等。

商代的制陶比之夏代有了很大发展，器型上有鼎、罐、大口尊、甑、甗、鬲、罍、斝、觚、爵、盂、豆、盘、盆、瓮等，在饰纹上除绳纹、弦纹、云雷纹、涡旋纹、圆圈纹外，还出现了饕餮纹、夔龙纹、连环纹、乳钉纹。商代还出现了专为随葬用烧制的陶器，称为“明器”。明器的烧制火候低、制作粗劣、形制简陋。

商代是中国制陶业向制瓷业发展的一个关键时期，是中国制瓷业的开始。

首先是刻纹白陶和印纹硬陶的烧制。白陶始见于龙山文化时期，但到商代，其数量增多、质量提高。白陶是用高岭土做坯料，经1000℃左右的高温烧成。高岭土即瓷土，由于产于江西景德镇高岭村的这种土质量最佳，故称。用高岭土烧制成的陶器，质地坚硬、纹样精细，其表里和胎质都呈白色，故称白陶。商代的白陶在黄河中下游和长江中下游都有发现，而以殷墟出土的为代表，其陶质细腻洁白，且雕有精美的花纹图案。硬陶也是用高岭土做坯烧制而成，烧成温度比白陶更高，在1000℃以上，已接近烧制原始瓷器的温度。其特点是质地坚硬，无明显吸水性，敲击声清脆。因其所用的高岭土含铁量较高，因此颜色多呈现紫褐色、红褐色、灰褐色和黄褐色。其分布地区以长江以南与东南沿海为主。

随后就是原始青瓷的出现。白陶和硬陶已为瓷器的出现做了准备，约在商代中期，出现了原始青瓷。其实原始青瓷早在山西夏县东下冯龙山晚期文化遗址中就曾发现过20余块残片，但这仅是惊鸿一现。到商代，在郑州商城，湖北黄陂盘龙城，江西清江吴城，河南柘城孟庄、辉县琉璃阁、安阳殷墟，河北藁城台西，山东济南大辛庄、益都苏屯，安徽肥西、来安等商代遗址中都有出土，器种有尊、豆、碗、盆、盂、罐、瓮等。它们都以比较纯净的高岭土做原料，经1200℃左右的高温烧成，表面施釉彩，颜色有黄绿色、淡黄色、灰绿色或浅褐色，扣之有清脆悦耳声。从器类、数量看，商代的原始青瓷南方多于北方。

到西周时期，印纹硬陶和原始瓷器被大量烧制和使用。特别是原始瓷器在数量和种类上都超过了商代，分布的地区也更为广泛。西周的原始瓷器大都是生活用器皿，器形以小件器物为多，主要有尊、罐、豆、碗、盂等。釉色主要是青绿色和豆绿色，并有少量黄绿色与灰青色，釉色均匀。从数量与种类看，仍是长江中下游地区远远多于黄河中下游地区，这是因为南方的这些地区具有丰富的瓷石矿的缘故。

值得注意的是，建筑用的砖瓦在西周开始被烧制和使用。在陕西扶风县云塘一个灰坑中发现的两块带乳钉的绳纹方砖是我国目前发现年代最早的有纹样的砖。此外，在周原遗址也出土了一批空心砖和条砖。而从西周早期到晚期的各式板瓦、筒瓦及瓦当数量更多，瓦的制作是先做成圆筒形瓦坯，然后进行轮修和拍印绳纹，再把圆筒形瓦坯切割成两半，即成两个半圆形筒瓦瓦坯，若在半圆形筒瓦较窄的一端加上圆形或半圆形堵头，即成为全瓦当或半瓦当的坯，最后放入窑中烧制。砖瓦的烧制和使用，使人类在住房建筑上有了一个飞跃。

纺织业。从不多的史书记载和考古发现看，夏代的纺织业已经达到一定水平了，其衣料主要是粗细不一的麻布和平纹丝织品。史书上说大禹时已有“衣裳细布”，夏桀时其女乐“文绣衣裳”。山西襄汾陶寺遗址中有属于夏代纪年范围的部分墓葬，其中一座中型墓中的男性墓主仰置于厚约1厘米的网状麻类编织物上，周身裹以平纹织物，上体白色，下体灰色，足部橙黄色。骨架上又覆盖麻类编织物，反复折叠成十余层，直到棺口盖板，棺盖上又覆盖麻类编织物。在二里头遗址中出土的兽面铜牌及玉圭等上都附有残存的麻布，有粗有细，粗者每平方厘米经纬线为8×8根，细者为52×14根。

商代的衣料仍以麻、丝为主，但编织技巧大大提高，品种也增多。商代丝织物主要有三种织法：一为经纬线大致相等的平纹组织；一为经线两倍于纬线的斜纹组织；一为平、斜纹掺杂一起的纹绮。在商代各处遗址中，发现不少麻布和丝绢残痕，包括江西新干大洋洲的随葬器物上也留有麻布、丝绢织物痕。在山东的一座商墓中发现的一些纺织品上，还有红、黑、白三色图案。

除了麻、丝外，商代已有了木棉织物，在殷墟及福建武夷山白岩崖洞船棺墓中，发现了木棉织物的痕迹和残片。

商代的甲骨文中已有了“桑”“蚕”“丝”“帛”等字的出现，说明商代的种桑、养蚕和丝织已成为当时社会生活的一部分。

西周在纺织技术和工具上有了很大提高。当时已有了较为完整的手工机械，如加捻机械、提花机、罗机等。在丝织技术上，除了平纹、斜纹和纹绮外，还出现经二重和纹二重等复杂织法，这是丝织技术上的重大发展。同时，织物的染色技术也得到了进一步发展，从染料的选择、培育、加工，到丝麻的精练和染色，已形成一套完整的工艺。当时的染色工艺主要有两种：利用植物性染料来染色的草染和利用矿物性颜料来涂染的石染。所以，西周的织物不仅品种繁多、做工精细，而且色彩绚丽，尤以丝织品最为突出，其种类有绢、纱、縠、缟、纨、罗、绮、锦等。

三、春秋战国时期的农耕

1. 春秋战国时期的农业

铁器和牛耕的使用。我国古代对铁的认识早在商代就已开始，考古发现了商代的铁刃铜钺，虽然嵌在铜钺上的铁刃是陨铁所制，但说明了那时的人们对铁有了初步认识。采矿冶铁和使用铁器当始于春秋。金属的使用是促使人类摆脱愚昧、迈入文明门槛的重要因素，而铁器的使用更是人类历史上的一次飞跃。春秋时代大量的史籍记载和考古发掘都证明了铁器的使用。“铁”字最早见于史籍记载是《诗经·秦风》，大约是春秋初年秦襄公时代的诗。此外《国语·齐语》记载，管仲向齐桓公建议“美金以铸剑戟，试诸狗马，恶金以铸锄夷斤欘，试诸壤土”。据考证，美金指青铜，恶金即指铁。春秋中叶齐灵公时铸的“叔夷钟”铭文上有“造戜徒四千”，“戜”即为铁，说明当时采铁冶炼的规模已不小。《左传》上记载，前 513 年晋国征收了近五百斤铁用来铸鼎，说明当时铁器的使用已比较普遍了。

除了史籍记载外，大量的考古发掘也证明了当时铁制工具的使用。1978年在甘肃灵台县景家庄秦墓中出土了属春秋早期的一把铜柄铁剑。1990年和1991年在河南三门峡市虢国墓地出土了属于西周春秋之际的一柄玉柄铁剑和四件铁刃铜器。据测，有陨铁和人工冶铁两种，这是目前为止发现的人工冶炼的最早铁器。此外，在今山西、湖南、江苏等地都发现了春秋时期的铁犁铧、铁块削等铁制工具。而1976年，在湖南长沙杨家山春秋晚期的墓葬中发现的铁剑系碳钢所制，这是目前发现的最早的钢剑。说明到春秋晚期，已初步掌握了炼钢的技术。

应当指出的是，春秋时代铁制工具虽已使用，但还不是十分普及，这从发掘的春秋时期的墓葬中发现的农具、手工工具多为青铜制造，甚至还有为数众多的石、骨、蚌器等可以证实。

铁制农具出现后，牛耕也逐渐被使用和推广。牛耕技术的发展只有和铁器的配合使用，才能发挥它巨大的能力。牛在春秋以前，主要是做祭祀用的“牺牲”（即献给鬼神的贡品之一）。至春秋，才成为人类劳动的有力助手。《国语·晋语》上说：“宗庙之牺，为畎亩之勤”，就是说以前用作宗庙祭祀的“牺牲”，现在用来耕田了。《论语》中也出现了“犁牛”一词。由于牛耕的使用和推广，人们在起名字时也往往把牛与耕连在一起，如孔子的弟子冉耕，字伯牛；晋国的一个大力士叫牛子耕等。牛耕的出现还可以从考古中得到证实。在山西浑源县李峪村出土的春秋晋国墓中的一件牛尊，牛已穿有鼻环，说明牛已被牵引，用来从事耕作。

水利的兴修。铁器和牛耕的使用，极大地促进了生产力的发展，它使得荒地的大量开垦成为可能。大片的土地开垦出来后，又需要有配套的水利灌溉工程，从而又促进了水利工程的兴修。而铁制工具又为兴修水利提供了方便。春秋时代的水利事业得到了很大发展，楚国在令尹（即相国）孙叔敖的主持下修建了著名的大水库“芍陂”（在今安徽寿县南），可灌溉农田一万多顷。吴国在吴王夫差时开挖了南起邗域（今扬州）北至末口（今江苏淮安县北）的邗沟，全长150公里，沟通了长江与淮河。邗沟是中国历史上最早的人工运河，隋代大运河的山阳渎即由这一段疏通扩凿而成。

春秋时代，对于中国的水利灌溉来说，还发生了一件具有重大意义的事件，即一种叫“桔槔”的引水灌溉工具被应用于农业生产。这种古老的工具在中国被用了几千年，俗称“吊杆”，是用一横木支在木柱上，一端用绳挂一水桶，另一端系重物，使两端上下运动以汲水。《庄子·天地篇》上记春秋末子贡的话，说桔槔“引之则俯，舍之则仰”。子贡在路过汉水北岸时，见当地人凿隧入井、抱瓮而灌，吃力而效果差，于是劝他采用桔槔的灌溉方法。

2. 战国时期的农业

铁农具的广泛使用。铁农具在春秋时代还只占农具中的极少量，到战国时代却有了一个飞跃，铁农具成为农业生产中的主要工具。河北石家庄庆村的赵国遗址中出土的铁农具占该遗址出土的全部农具的65%，辽宁抚顺莲花堡的燕国遗址出土的铁农具，竟占出土的全部农具的90%以上，而从河南辉县的战国魏墓中出土的铁制农具达58件之多，且种类繁多，有犁、铧、镬、锸、锄、镰等。此外，在战国的齐、楚、韩、秦的遗址中都发现了大量铁农具。铁农具的使用之所以从春秋到战国发生如此大的飞跃，显然同各国变法改革、实行奖励农耕的政策有很大关系。铁器显然成为各国既是军事上，又是经济上的“利器”。

水利工程的兴修。水利是农业的命脉。农业的发展有赖于水利的发展。战国时代，各国为了增强国力、发展农业，纷纷大量兴修水利工程。战国时代，开始出现了大型的水利系统工程，以及包括航运在内的综合系统工程。比较著名的有魏国的鸿沟工程和秦国的都江堰、郑国渠等。

鸿沟是在魏惠王十年（前360年）开始兴修的一项大型的综合性水利工程，它是先引黄河水入魏国境内的一个叫圃田的大湖，然后又引圃水入颍水，经颍水流入淮水，这样沟通了魏国境内的几条河流，形成了一个系统完整的水运交通和水利灌溉网。在秦汉之际楚汉战争时，因双方以鸿沟为界划分疆域，所以后来鸿沟又被引申为难以逾越的障碍和阻隔。

都江堰是秦昭襄王时（前306—前251）蜀郡守李冰和儿子二郎主持修建的，位于岷江中游的灌县。发源于四川西北部的岷江流经高山深谷、水流湍急，但到成都平原后流速骤减，河水所夹带的泥沙随之沉积下来，淤塞河道。所以每当雨季来临、水势暴涨，泛滥成灾。洪水过后又出现旱灾。李冰在前256年到任后即与儿子一起着手治理岷江，他们先在岷江东岸、灌县西边的玉垒山凿开一个缺口，引进江水灌溉田地，这个缺口被称为“宝瓶口”，与玉垒山分离出来的石堆叫“离堆”。但因宝瓶口的地势较高，引进的江水流量不大，分洪灌溉的作用很小，于是李冰父子率人在岷江的江心筑起分水堰，把江水一分为二，分为内江、外江。又用类似于栅栏、可活动的杩槎把两股水拦住。涨洪水时把两边的杩槎都打开以泄洪，干旱时把外江的杩槎拦起，使内江水位高涨，引入宝瓶口以灌溉农田。这一水利工程后人称为“都江堰”。都江堰不仅彻底解决了岷江的水患，而且使成都平原三百多万亩农田成为旱涝保收的良田，使成都平原成为著名的“天府之国”。此外，因为都江堰使水流平稳，又促进了航运的发展。时至今日，都江堰仍在发挥巨大的作用。

郑国渠是在秦王嬴政即位后修建的。秦国经商鞅变法后日益强盛，到前246年，秦王嬴政即位时已凌驾于各国之上。与秦相邻、在战国七雄中最弱小的韩国日夜不安，于是想出了一条“疲秦”之计，即让秦国在其他方面如兴修水利工程方面耗费大量的人力物力，使其国力疲惫，无力去攻打韩国。所以韩国派出了杰出的水利专家郑国去帮助秦修一条引泾水入洛阳的水渠。但水渠尚未修成，韩国的计谋败露，嬴政要杀郑国。郑国对嬴政说，水渠修成了不过为韩国延长了几年的寿命，却为秦国建立了万世的功业，秦国的子孙后代都可以享受到水渠带来的好处。嬴政认为很有道理，于是让郑国修完了水渠，即郑国渠。郑国渠全长三百多里，可灌溉良田四万多顷，使关中成为富饶之地，而且和都江堰一样，时至今日仍在发挥作用。

农业生产技术的进步。首先是耕作技术的进步，除了牛耕的进一步推广，还使用了马耕。同时，深耕得到了普遍推行，当时的人们已认识到深耕既可消灭杂草和虫害，又可减轻干旱之害，提高田亩产量。

除了深耕外，施肥、除草、除虫等技术也有了发展。战国时期，从政府到农民都很注意积肥、造肥和施肥，并认识到野草、树叶在土中腐烂便可作为肥料。同时，早晚都要在田间除草保苗，对害虫的扑杀也十分注意。

随着铁制农具的普遍使用，牛耕的推广、农业生产技术的提高，粮食产量也有了很大提高。魏国的相国李悝作过统计，一亩地普通可产粟一石半，而大丰收之年可翻四倍，小丰之年亦可翻一倍。（战国时一亩约为今天的三分之一亩，一石约今五分之一石）。这是战国初期的统计，战国末的秦则一人耕作可供九人之食，而且还有余粮饲养家畜。受郑国渠灌溉的农田一亩地可收粮一钟，即6.4石，这是非常高的产量了。

战国时期，作为农业生产发展到一个新的水平的标志，就是出现了总结农业生产经验的著作，农业生产技术逐渐形成为一门学问，出现了“农家”学派和《野老》《神农》等讲农学的书。

3. 春秋战国时期的手工业

民间手工业。西周王国的瓦解、诸侯的兴起，使得原来官府统一管理的手工业的格局被打破。除了官府手工业外，还有民间手工业，出现了家庭手工业和个体手工业者。春秋时期的家庭手工业主要是由妇女从事的纺织业。个体手工业者则往往有专业的技艺，且可自由流动，甚至可远徙他国。见于史籍记载的有善于制鞋的南家工人；善于织屦、缟的鲁人夫妻；还有生活于春秋末年著名的公输班（因是鲁国人，又称“鲁班”），他自由地来往于各国之间，据说他发明了墨斗、曲尺、锯子等，因而被尊为“木工之祖”。

到战国时期，则出现了大规模的民营手工业，主要经营与国计民生密切相关的矿冶、煮盐等。经营者往往由此成为巨富，并在社会上拥有很强势力，如赵国的单氏、魏国的孔氏、鲁国的曹邴氏都以经营矿冶致富，成为大富豪。

民间手工业由于更具积极主动性、更自由，更能适应市场，所以发展很快。

冶炼业。青铜冶炼业从西周中期始呈衰落趋势，但到春秋战国时期又有了新的发展，出现了在青铜器上镶嵌铜、金、银等的错金技术，春秋中期起，嵌红铜的器物较多，随后有了金银镶嵌技术。错金银的工艺，在战国时代更为普及，同时又有了鎏金、包金、漆绘、彩绘等技术，使青铜器更为精美、绚丽多彩。此外，至少从春秋后期始，在铸造上开始用“失蜡法”。“失蜡法”是用蜡做成内模，古称“蜡样”，蜡样由于柔软易刻，可以做得极为精细，受热后，蜡即熔化，从而免去了取模的困难。1979年，在河南淅川的楚墓中发现了用失蜡法铸造的青铜器，属春秋晚期偏早。1978 年，湖北随县擂鼓墩曾侯乙墓出土的一组盘尊，就是用失蜡法铸成的，上面立体镂空的虺螭纹附饰，细得好似丝瓜络子，极其精美。同在墓中出土的青铜编钟则充分显示了这一时期青铜铸造的高超技艺。这套编钟共 65 件，总重 2500 公斤。分三层八组悬挂在曲尺形钟架上。钟架可以拆装，每层由三位佩剑武士铜人支撑着方形横木，两端的青铜套上饰有浮雕或透雕的龙、鸟等物，做工精巧、形态逼真，皆用失蜡法铸成。编钟上亦有错金花纹。钟钩、钟体共有铭文3755字，内容为编号、铭记、标音及乐律。这套编钟是迄今世界上业已发现的最庞大、最宏伟的乐器，被誉为古代世界“第八大奇迹”。经测定，这套编钟已具有完整的十二乐律体系。现在演奏起来，还是极其悠远清扬、悦耳动听。

1965年湖北江陵望山出土的春秋末年的越王勾践所用青铜剑，也代表了当时高超的青铜铸造水平。越王勾践剑在地下埋藏两千三百多年，出土时明洁如新、锋利无比，剑身满饰菱形纹，剑格两面以蓝色琉璃镶嵌花纹，经测试，其表面菱形花纹，经过硫化处理，可防锈抗腐。

冶铁业作为一门新兴的手工业兴起于春秋，在战国时代得到迅速发展。

鼓风方法的出现促使了冶炼铸铁技术的发明，冶铁业在春秋末期已经有了一定的规模，到战国时代已成为最重要的手工业生产部门。春秋战国之际，出现了生铁冶铸术，生铁冶铸术的出现，提高了生产率，降低了成本，为铁器的普及打下了良好的基础，是冶金史上划时代的进步。随后又出现了铸铁柔化术，即为了克服生铁易断裂的不足，将其柔化处理，以增加强度和韧性、延长铁器的使用寿命。再发展就出现了块炼渗碳钢，即将低温下炼出的铁反复锻打，使铁中的杂质变少、成分均匀、组织细密，同时在锻打的炭火接触中，增加了碳，使铁变硬，成为块炼渗碳钢，即通常所说的“百炼钢”，它比生铁更坚韧和锐利。淬火工艺也在战国时期被广泛采用，即为了增强铁的弹性和硬度，把烧红的铁件用水或油骤然降温。

冶铁技术的迅速发展和铁器的普遍使用，说明中国从战国时代开始，已进入了铁器时代。

纺织业。农业生产的发展，促进了麻桑产量的增加，也促进了纺织业的发展。春秋战国时期的纺织业主要生产麻织品与丝织品。麻织品是当时普通人的主要衣料，比丝织品更为普遍、用量更大，且被染成各种颜色，花色品种比以前更丰富。丝织品一般为贵族所用衣料。这一时期为中国丝织业发展的重要阶段，虽然从新石器时代后期开始，我国就已掌握了养蚕和丝织技术，但到目前为止，发现的春秋战国以前的丝织品实物极其罕见。已发现从春秋开始的一些实物残片，到战国时数量更多。由于地理环境的原因，北方地区发现的极少，大多集中在南方的楚国。湖南长沙左家塘战国墓出土了丝织品残片二十余片，从墓葬中可看出，尸体用多层丝织品扎裹，其衣衾有绢、锦等。绢的颜色有棕、黄、褐等色，锦有深棕、褐等色；纹饰有对凤、对龙、矩纹、几何等。而在湖北江陵马山砖瓦厂的战国墓葬中则发现了完整的丝织衣物，共十九件，有绵衾、夹衾、绵袍、禅衣、夹衣、禅裙、绵袴等，还有棺罩、帛画、席囊、镜衣及木俑的衣服等丝织品，颜色有朱红、绛红、浅黄、金黄、蓝、绿、棕、褐、黑、白等多种，还织绣有龙、凤、虎、鸟、人物以及几何纹图案。

漆器业。所谓漆器，即取漆树皮里的黏汁制成漆，然后在器物表面髹漆，使之美观又坚固耐用。我国早在新石器时代就有使用漆的迹象。在商周的遗址中发现了不少的漆器。到春秋战国时期，漆器业的发展达到了空前繁荣，特别是战国时期，春秋时期出土漆器的地点仅十几处，战国时期则有近八十处。

漆器的胎有木、竹、皮、苎布等好几种，一般以木、苎布两种胎使用最多。木胎多用整木挖成，苎胎是用苎布卷成一个筒，再与底板黏合而成。木胎较重，多见于春秋时代；夹苎胎轻巧，战国中后期多用。胎制好后，还要经过削、旋、雕、涂漆等工序，方可制成漆器。1979 至 1980 年四川青川县发掘 72 座战国墓，出土器物多为日用器皿，其中漆器占 41%，有的漆器底部还有“成亭”字样的戳记，说明当时已有较大规模的漆器生产作坊。1975 至 1977 年，湖北云梦睡虎地的战国秦墓出土大量漆器，多为日用器物。许多漆器上有烙印，或漆书、针刻“咸亭”“咸阳市亭”等字样，市亭为当时的商业贸易管理机构，反映了漆器已大量进入商品市场。

漆树的生长种植，黄河流域有见记载，但主要在长江流域，故以楚国遗址出土的漆器最多，也最精美，可代表春秋战国时期漆器业的最高水平。湖北江陵望山一号楚墓出土了大批漆器，其中一件彩绘漆器木雕小座屏，以惊人的细工透雕与浮雕相结合的艺术手法，雕出了由51个凤、鸾、蛇、蛙等动物组成的复杂图案，外施墨、朱、灰绿和金银彩漆，形象逼真、栩栩如生，堪称当时的精制杰作。湖北信阳长台关一号楚墓出土漆器250件，有祭器、乐器、兵器和鞘室、镇墓兽等。有一组生活日用家具及工具箱、衣箱、交通工具等皆施漆，其中一件衣箱绘有朱彩的青龙、白虎，中央有象征北斗星的“斗”字，四周环以二十八宿名称，是一幅珍贵的漆画天文图，也是我国关于二十八宿最早的文字记载。

第二章　商　业

一、原始时代商业的萌芽

1. 商品交换的出现

在原始社会后期，随着生产力的不断进步，农业、手工业、畜牧业的迅速发展，产品逐渐有了剩余，于是产生了交换的需要。开始时，氏族与氏族之间进行剩余产品的交换，后来扩大到部落之间互通有无，交换的物品主要是各自的公共财产。但剩余产品的出现，为私有制的产生提供了物质基础，部落首领与氏族酋长往往利用职权将这些剩余产品占为己有。首先成为私有财产的是牲畜、农产品等动产，特别是牲畜，它是早期的实物货币之一，并成为衡量财富的一个重要标志。在大汶口文化的墓葬中，就有以猪头或猪下颚骨做陪葬品的，少者几个，多者十几个。齐家文化遗址中，用猪、羊的头骨或颌骨随葬已是较普遍的现象。至今我国西南地区的一些少数民族还有这样的风俗，即在各自的屋檐下挂上家畜的头骨，挂得越多表示越富有。随着私有财产的出现，个人之间的交换逐渐占据了优势。古籍上记载说，在神农之时就出现了市场，在市场上进行各种商品的交易。

2. 货币的出现

随着物品的丰富、交换的频繁，为了交换的方便，人们就先把手中的商品换取一般易于为别人接受的或需要的商品，然后再用这种商品换取自己需要的东西。这样，在众多商品中就逐渐分离出一种可以同其他商品都能交换的商品，这就是货币的雏形，它的出现，极大地促进了商品交换的发展。最早充当这种原始货币的商品很多，有牛、马、刀、箭、皮、帛、贝、玉等。经过长期演变后逐渐减少，固定为少数几种大家公认的物品，如金、银、铜、玉、贝等。

贝是中国最早的主要货币之一，汉字中的财、货、贫、贪、赏、买、卖等均从贝。贝主要有海贝、骨贝、石贝等。贝之所以能够成为最早的货币，一是由于它具有天然美丽的形态和斑斓的花纹、光泽，为人们所喜爱和收藏；二是因为它坚固耐磨、轻巧灵便，便于携带和计数；三是因为它产量不多，来得不易，不至太多而泛滥。

属齐家文化的青海乐都柳湾遗址出土了海贝、骨贝、石贝等，距今近 5000 年。证之于古籍的记载，说明我国在距今四五千年前就已出现了货币和商品交换。

3. 早期城市的出现

城市是文明发展到一定程度的结果，它多由部落联盟的中心聚落发展而来，是当时的经济交流和宗教权力的中心。

中国早期的城市，由考古发掘所知，早在5000多年前就已出现。2002年考古工作者在安徽含山凌家滩发现的城市遗址距今5500年，是目前发现的最早的城市遗址。凌家滩遗址位于长江、淮河之间的巢湖流域。据考古专家描绘，凌家滩在远古时期是一座繁荣的城市，养殖业、畜牧业、手工业初步形成规模，并具备了初级的城市“规划”水平。此外，1992年在河南郑州的西山发掘了一座距今5300年的仰韶时代城址，有高耸的城墙和深陷的壕沟；有城门，城内房屋分布有一定布局；还有面积达数百平方米的广场。2000年又在山西襄汾县陶寺村发现了尧舜时期的古城遗址，距今4500～4200年，从中发掘出的青铜器和陶片上有文字符号。

二、夏商西周时期的商业

1. 夏商时期的商业

关于夏代的商业，史籍上的记载缺乏，考古材料亦不多。仅从河南偃师二里头遗址中发现了不多的贝；除了天然贝外，还有经过加工制作的骨贝和石贝。这可以说明当时贝币的使用已较广泛，真贝的数量已不够使用，所以出现了人工仿造的骨贝、石贝等，用来代替真贝。

到商代，商品交换有了一个较大的发展，从古籍记载到出土文物看，当时贝币的使用不仅十分普遍，而且数量也极大。文献中有商王斥责大臣们不要贪求贝玉的记载，而且贝也成为商王的主要赏赐品。考古中发现，商代用贝随葬的现象十分普遍。河南安阳殷墟妇好墓中出土的海贝约 7000 枚，山东益都苏屯一号大墓出土贝 3790 枚，其他商代墓葬中也多有出土数百枚贝的现象，连一般平民墓葬中也有贝随葬。

贝币在流通过程中，最初以枚或个为单位。以后随着商业的发展，货币作用和流通范围扩大，交易的数量增加，贝币的计算单位从商代末期起逐渐改为“朋”，朋是用绳子穿起来的贝币，一朋的数量大约为 10 个或 20 个贝币。在出土的贝币中，有不少是有穿孔的，即是绳穿的痕迹。

随着商品交换的进一步发展，商代后期还出现了金属货币——铜铸贝币。河南、山西的商代遗址中都曾出土过铜铸贝币，这是已知世界上最早的金属铸币。充分反映了商代商业的发达。

商代的商业活动，不仅有内部的商品交换，还有对外贸易。在安阳和郑州的商代遗址中发现了许多外来物品，有新疆的玉料，还有来自南方的龟甲，甚至有来自南洋地区的龟甲。据《尚书》记载，商朝灭亡后，商遗民牵马赶车，往远方贸易。由此推断，商代已出现了专事商业贸易的商人。正是由于商代的商业发达，所以以后从事商业贸易的人被称为“商人”。

2. 西周时期的商业

西周时期，随着商业的发展，贝币均以“朋”为单位计算。西周青铜器上的铭文多有此类记载，如铸一件青铜器花了14朋贝，一块玉璋价值80朋贝，皮货、衣物等价值多少朋贝等，说明西周时期，贝币已成为衡量和计算商品价值的尺度，完全具备了货币的功能。

此外，从西周中期开始，金属货币逐渐流行。河南辉县的西周墓葬中曾一次出土铜贝达1000多件，可见当时金属货币已不少。铜贝流行后，计算单位又改为以重量计算的“寽”，一寽近12铢。除了铜贝外，还出现了铜块或铜饼等金属铸币的形式。

西周时期，商业的发展还表现在“市”的设置与管理上。当时较大的都邑中都有官设的市场，称之为“市”，它是城邑内一个特殊而独立的区域，其设计与管理有严格的规定：四面设门，开闭的时间有严格规定。市场还设有各种管理的官吏，如“司市”“闾师”“质人”等，管理市场的方方面面。

3. 夏商西周时期的城市

河南偃师的二里头遗址是夏代的城市遗址，在这里发现了宫殿遗址、作坊遗址、陶窑、窖穴、水井、墓葬等。宫殿遗址有两座，建在高高的基台上，坐北朝南的封闭式格局，呈正方形，东西南北各约百米左右长宽，由大型的殿堂、庑廊和庭院构成，正南为牌坊式的大门。还发现了铸铜、制陶、制骨等手工作坊。铸铜遗址面积在 1 万平方米以上，发现了一些冶铜的坩埚片和铸器的陶范；还发现了一些陶窑，还有大量的有锯痕的骨料、骨器半成品、成品及砺石等。除作坊外，还有一般居民的住宅、水井和大量的生产工具。

商代的城市遗址迄今为止发现不少，比较有代表性的有以下几座：

河南偃师尸乡沟商城。外郭是长方形，南北长 1700 余米，东北宽 1200 余米，面积达 190 万平方米。已发现 7 座城门，城外有 10 多米宽的护城壕。城门之间有大道相通，纵横交错，形成棋盘式的交通网络。城南和居中的宫城为商王及贵族的居住区，城北则为平民居住区和手工业作坊区。

河南郑州商城。亦为长方形，北垣长 1690 米，西垣 1870 米，东南垣均为 1700 米，总面积达 300 多万平方米，远远大于偃师商城，布局也与之迥异。宫城区在城北部，手工作坊置于城外南北近地，一般居民分布在内城根和城外手工作坊区。

河南安阳殷墟。为商后期都城遗址，总面积达24平方公里，其中有宫殿、宗庙区，手工业作坊、平民居住区和平民墓地、王陵区等。宫城区在中部偏东南位置，王陵区在宫城区西北方，众多的手工作坊则分散四方。城内的住宅明显有等级之分。

湖北黄陂盘龙城。形近正方形，南北长约290米，东西长约260米，总面积约7.9万平方米。四边有门，外环壕沟。宫室在城东北部，建于人工堆筑的高地上，城南为手工作坊区，城西城北为居民聚居点。

四川广汉三星堆商城。呈长方形，面积约220万平方米。城区中部三星堆一带是宫室建筑群，城内中轴线上分布着宫室区、祭祀区。平民居住区、手工作坊区、墓地等分布于城内外。

西周时期的城市，根据当时的规划是：王城呈正方形，每面各长9里，开3座城门，共12座城门。宫城位于王城的中心，王城的主轴线从正南门起至正北门，朝会群臣、诸侯的殿堂、宫城及市场依次由南至北坐落在这条主轴线上。宗庙、社稷对称坐落在宫城前方的左右两侧。全城的街道为九经九纬，沿城开辟环城干道，连接经纬干道。这种规划尚未为考古所证实，但可看出西周人对城市的规划及构想已达到较高水平。从考古发掘的西周都城镐京遗址看，其规模不小，有宫殿区、贵族及平民的居住区，还有手工业作坊、陵墓区等。

由上述情况可看出，这一时期的城市首先是政治中心，其建筑基本以宫殿为主要建筑物或核心，商周时期已出现了按中轴对称的原则排列；其次也是经济中心，各种手工作坊是城市必不可少的组成部分；其三还带有军事防御性质，一般都有城墙及壕沟。

三、春秋战国时期的商业

1. 货币的发展

春秋战国时期，是中国货币史上的一个转折时期，这一时期，随着农业、手工业的迅速发展，商业规模的空前扩大，原来以贝币为主的货币流通体制已不能适应社会经济发展的要求而逐渐解体，而代之以新型的铜铸币。这一时期，各国纷纷铸造新型币，形成自己的币制体系，币制上形成了几大体系，至秦统一后而告结束。

从西周中期以来逐渐流行的金属贝币在春秋前期继续流行，并随商业贸易的活跃而增多，从山西侯马上马村一座春秋中期的墓葬中，出土铜贝达 1.6 万余枚。但从春秋后期开始，新型的金属铸币逐渐取代了原来的贝币，这大概同各国纷纷改革内政、发展经济，经济实力增强，要求发行自己的货币有关。从春秋后期至战国时期，在全国范围内逐渐形成了布币、刀币、圜钱和蚁鼻钱四大货币体系。

布币，是由古代的一种铲形农具“镈”演变而来的。镈形状似铲，上部圆空，可装木柄，下面足部尖薄，适宜锄草、掘沟等。由于镈、布同音，故称“布”。最早的布币，大小和原来的农具差不多，以后为携带和交换方便，逐渐变小变薄，而头部圆空部分加长，称为“空首布”。空首布流通的时间主要从春秋后期至战国初期，流通区域为东周王室所在地和晋国等地区。山西侯马牛村的晋国遗址中，曾发现数以万计的空首布范，形成厚达 30 余厘米的堆积层。同时，从洛阳及其附近也发现了大量春秋时代的空首布。

至战国时代，布币体型变得更加轻小，外形也发生很大变化，头部不再是圆空的、而变成了扁平坚实的板片状，称为“平首布”。平首布比空首布要精巧得多，纹饰也更美观，且一般有标注地名、重量、价值的铭文。流行地区以韩、赵、魏为主，秦、燕等也有。

刀币，也是从作为工具的刀转化而来。主要流行于齐、燕两国。目前出土的刀币最早的是春秋中期齐国的。齐国的刀币形制较大，尖头，又称大刀。币面都铸有铭文，以战国中期铸造的币面有“齐法化”三字铭文的刀币最多、最流行。“法”有制造标准的意思，“化”是货的简体，“法化”即标准货币之意。燕国的刀币形制较小，都是方头或圆头，币面一般铸有“明”字（或以为当为“匽”，即燕字），故又称“明刀”。明刀没有齐国的大刀精致规整。

圜钱，可能从纺织工具纺轮演化而来，也有可能从玉环或玉璧形演化而来。主要流行于东周王室所在地及秦地。早期多为圆形圆孔，后来多做圆形方孔。其形制大小适中，比布币、刀币更易于携带和计数，又不易折断，且有孔可以穿绳，更适合商品交换的需要，所以出现后便得到广泛流行，至秦灭六国后成为全国统一的货币。

蚁鼻钱，是从仿制贝转化而来，其形制为椭圆形，正面突起，形状像贝但体积更小，因其铭文状似蚂蚁，故名。又因其形状像人脸，亦称“鬼脸钱”，主要流行于楚。此外，楚国货币中还有块形的金板，由若干小块连在一起，每一小块上都印有方形或圆形的印记，印文多为“郢爰”，故又称其为“郢爰”。

由上述可知，春秋战国时代，铜铸币已广泛流行，以货币计算价格的观念已深入人心，它既是商业发达、商品经济发展的结果，又反过来促进了商品经济的进一步发展。

2. 大城市的兴起

春秋战国时期，特别是战国时期，是中国城市发展的一个关键时期，这一时期，城市不仅为政治中心，而且发展为经济中心，甚至许多城市经济上的重要性超过了政治上的。同时，城市的结构也发生了变化，以前处于城市中心的宫室贵族区，现偏于一侧或一角，各诸侯国的都城一般由小城、大城或内城、外城组成，诸侯、贵族居于小城、内城，手工业者、商人居大城，市场成为一个不可缺少的组成部分。

随着商业的繁荣发展和人口的增加，大城市也在这一时期迅速兴起和发展，“万家之邑”“万家之都”纷纷出现，像齐国都城临淄、燕国的蓟、赵国的邯郸、楚国的郢、秦国的咸阳、魏国的大梁等。临淄有七万户人家，当时的人形容它的繁荣说：街上车轮碰车轮，行人的肩膀擦肩膀，因为人太多了，所以把衣襟连起来可以成帷、举起袖子可连成幕，人们挥汗可成雨。而楚国的首都郢也是车碰车、人挤人，以致有人说：早上穿上新衣服出门，到晚上回家发现被挤破了。考古发掘出来的战国临淄故城，由大小城组成，总周长达两万多米，从出土的遗物与遗迹看，是当时一座相当繁荣的大城市。

3. 商业贸易与商人

城市的发展极大地促进了商业贸易的发达，城市成为各种商品的集散地，交易品有玉、石、竹、木、漆、纺织品、铜铁器、牛、羊、粮食、水果等。东西南北各地的商品汇集，北方的马、犬，南方的象牙、羽毛、丹青，东方的鱼、盐，西方的皮革等，都由商人贩运汇集到中原城市，成了市场上的交易货物。

春秋战国时代，商业发展的另一个标志就是商人的出现和商人阶层的形成。春秋时代，除了坐地卖货的“贾”外，还出现了组织货源、长途贩运的“商”。各诸侯国为了发展经济、增加收入，多鼓励、支持工商业的发展。齐桓公当政时采取鼓励发展工商业的政策，使齐国很快走上富强之路；郑国在郑桓公时与商人订立盟约：“尔无我叛，我无强贾”，就是商人不得背叛政府，政府也不强买强卖、损害商人利益。正因为如此，郑国商人弦高在滑听说秦军要去偷袭郑时，用自己的牛假装代表国君去犒劳秦军，为自己的祖国解除了威胁。

随着商业的繁荣发展，从春秋后期至战国时代，商人阶层逐渐形成，出现了许多势力雄厚的大商人。他们不仅经济上资本雄厚，而且政治上也拥有重要地位，司马迁认为拥有千金者可以与一都之君相比，而家产巨万者地位就和诸侯王差不多了，所以称他们为“素封”。素者，白也，他们虽然没有封王，却与封了王的人差不多。像春秋后期的范蠡，在辅佐越王勾践灭吴后，弃官经商，先在齐海滨经商，后定居于宋国的陶（今山东定陶）。陶为南来北往的交通要道，范蠡在这里“三致千金”，人称“陶朱公”，后世遂以“陶朱公”为大富翁的代名词。还有孔子的弟子子贡，弃学经商，很快富可敌国，所至之处，可与国君分庭抗礼。到了战国时代，商人们已注意总结商业规律，有了商业经营思想，如魏国的大商人白圭，在丰年时买进谷物，卖出丝、漆，茧熟季节再买进丝帛，卖出粮食，“时贱而买……时贵而卖”，“人弃我取，人取我与”。而著名大商人吕不韦更是把商业投机方法应用到政治投机上，他认为投机商业最多获利百倍，而投机政治则可赢利无数。他在赵国首都邯郸看到在那里为人质的秦国公子子楚，认为是“奇货可居”。吕不韦与子楚相见，两人之间有一段耐人寻味的对话，吕不韦对子楚说：我能光大你的门户。子楚当时正落魄困窘，所以听了吕不韦的话就笑了，他对吕不韦说：你还是去光大你自己的门户吧，还光大我的门户呐？吕不韦回答说：你有所不知，我的门户要等你的门户光大以后才好光大。可见吕不韦是看准了政治投机，他花费千金，使用各种手段，让子楚当上了秦国的国王，自己当上了相国，被封侯，食邑十万户，家僮万人，食客三千，政治投机大获成功。

4. 对外经济交流

在对外交流方面，最早可远溯至商代。商王朝以其高度发达的文明成为古代世界的文明中心之一，其青铜器制造工艺，东北方影响到朝鲜半岛与西伯利亚，西北方远至伏尔加河流域，在今蒙古国境内及外贝加尔湖地区、叶尼塞河流域都可发现商代青铜文化的痕迹。而春秋战国时代的对外交流，主要在朝鲜、日本这一带。史籍上记载说，周武王在灭商后“封箕子于朝鲜”；春秋战国时期，与朝鲜邻近的燕、齐与朝鲜有密切往来，燕齐的人民曾成批地迁徙到朝鲜，并带去了先进的生产技术与工具。在商业贸易上也有密切往来，燕国的铁器、货币都曾输入朝鲜。而与日本的往来，《国语·齐语》上有日本倭人进贡的记载，日本的稻作技术及稻种应是由中国华北或由华东经台湾、冲绳传入的。

第三章　科学技术

一、原始时代科学技术的萌芽

1. 原始的天文学

人类是自然之子，人类的一切都同大自然密切相关，而大自然的风雷雨电等现象也直接影响到人类的生存及生活。我们的先人很早就开始注意观察天象了。中国古籍记载说，早在伏羲（庖牺氏）时代，伏羲就“仰则观象于天”，即观察天象。据传说，在五帝之一的颛顼时代，已设立了“火正”，专门对大火星（即心宿，为天蝎座的一颗恒星）进行观察，以黄昏时大火星正好从东方地平线上升起时作为一年的开始，即这一年春天的来临。《尚书》说，在尧时，专门派羲氏族、和氏族的人对日月星辰进行观察，并且根据其观察把时令传授给民众。据说羲仲族的人专门观察日出时间、羲叔族人专门观察日影长度的变化、和仲族人专门观察日落时间、和叔族人专门观察夜间长度的变化。然后根据这些观察，靠掌握的闰月来确定四时和年岁，并说当时以一年为366天，这是人们对恒星运动周期测算得到的结果。

上述传说与记载虽然未必确实可靠，但远古时代，我们的先人已经知道观察天象并据此制定历法应是可信的，以考古发现验之亦可证实。

在《山海经》中有神话说太阳是由乌负载的，而在仰韶文化的彩陶上和良渚文化的陶器刻纹上都有金乌负日的图像。在河姆渡文化遗址中的象牙雕和骨匕上，均发现了“阳乌负日”的图案。《山海经》还记载了帝俊（即五帝之一的帝喾）有两个妻子，一个叫羲和，生了十个太阳；一个叫常羲，生了十二个月亮。这当是对十天干、十二地支观念的反映。考古发现，在属于仰韶文化的郑州大河村遗址出土的陶器上，绘有光芒四射的太阳纹，在一个陶钵上一下子绘有十二个太阳。有的学者还认为，在中国新石器时代早期的陶器刻纹中，已有北斗和其他星宿的图像。中国远古有“女娲补天”的神话，说是远古的时候，天柱塌掉了，地开裂、天倾覆，到处都是大火蔓延、大水汪洋。于是女神女娲炼五彩石补天，天补好了，冀州也安定了。现有学者认为这个神话反映的是远古时期一次规模宏大的陨石雨撞击的过程，是小型天体爆炸形成的大规模陨雨，爆炸后引起地面火灾；而如果小型天体是彗星，其成分则为陨冰，陨冰在地面化成水则成汪洋一片。冀州所在地为河北平原，而河北平原存在大量特殊的地貌现象——碟形洼地及其群体，这应是规模巨大的陨石雨撞击后，在近代冲积平原上留下的遗迹——大量的撞击坑，其中较大的撞击坑群最终形成了白洋淀。所以说“女娲补天”的神话，反映的是远古时代的一次天文现象。

总之，我国的天文学在史前时代已经萌芽，这一点是确定无疑的。

2. 原始时代的冶铜技术

我们的先人对金属的使用和冶炼，是从铜开始的。从认识铜到掌握冶铜技术，则经历了一个漫长的时期。最初是用天然的铜锻成小件工具或饰物。后来发现可以从孔雀石（即碱式碳酸铜）中冶炼出铜。早期冶炼出来的是基本全纯的铜——红铜，经长期实践发现，在冶炼中加入适量其他金属不仅可降低熔点，还可增加硬度。加入适量的锡炼出的是青铜，加入一定比例的锌炼出的为黄铜。

目前我国发现最早的是 1973 年从属于仰韶文化的陕西临潼姜寨遗址中出土的一片呈半月形的残铜片。这是一片杂质较多的铜，铜片所在的遗址年代约为前 4700 年。1975 年在甘肃东乡县林家的马家窑类型遗址中出土的铜刀，年代约为前 3000 年。这是一把青铜刀，有专家分析，这把刀的成分可能同当地的矿石偶尔含有少量的氧化锡有关，不一定是掌握了冶炼青铜的方法。

至龙山文化，中国已进入铜石并用时代。这一时期，分布各地的文化遗址（除良渚文化遗址外）都发现了铜器。如在山东，就有胶县三里河的铜锥，栖霞杨家圈的一段铜锥、一些炼渣和矿石碎末，日照尧王城的铜炼渣和长岛店子的残铜片等。胶县三里河的铜锥经分析，主要是由铜锌和其他杂质炼成的黄铜，据推测此锥可能是利用含有铜锌的氧化共生矿在木炭的还原气氛下得到的，不大可能是人们有意掺锌制成的合金黄铜，因为胶县附近这种铜锌共生的矿资源十分丰富。而经鉴定，栖霞杨家圈的矿石则主要是孔雀石。

中原的龙山文化也有多处发现铜器或炼铜遗迹。如河南临汝煤山的炼铜坩埚残片，其内壁保留有一层层固化铜液，最多的一片上有六层，经化验分析含铜量为95%，应为红铜；山西襄汾陶寺的铜铃是一座墓葬的随葬品，铃高2.65厘米，系合范铸成，顶部钻一圆孔，经测定含铜97.86%，为红铜。此外还有河南郑州董砦的方形小铜片，河南登封王城岗的一件残铜器片。河北唐山大城山发现两块穿孔铜片，穿孔方法为两面对钻，含铜量分别约为99%和98%，为红铜。内蒙古鄂尔多斯市的朱开沟发现铜锥、铜手镯，长江中游的湖北天门石家河文化遗存中也发现了许多铜块。

出土铜器较多的是西北地区的齐家文化各遗址。数量最多的是甘肃武威皇娘娘台，先后出土铜器达30件，有刀、凿、锥、钻头、指环、铜片等，还有铜渣。据测定，这些铜器含铜量已达99.8%，是质地很纯的红铜。甘肃永靖秦魏家遗址出土了斧形器一件、铜锥一件、指环和装饰品各两件。甘肃广河齐家坪曾出土过用多块范铸造的空首斧、素面镜。青海贵南尕马台遗址的墓葬中还出土了一片青铜镜，直径9厘米，背面饰纹为七角星图案，镜的边缘钻有两孔，用以系绳悬挂。

以上发现，充分说明了在我国的原始时代，冶铜技术已得到很好的应用和普及，并达到了一定水平。

3. 原始时代的建筑

建筑是人类有别于动物的一种标志。最初是为了躲避风吹雨打、寒暑侵袭的一种需要，后来则是为自己营造生存空间、结束流浪漂泊，为安全和定居的需要。建筑既是人类脱离自然的开始，也是人类文明的标志，是人类文化的重要组成部分。它伴随着人类从野蛮到文明、由生到死，人类因建筑而生存得更好，但亦因建筑而失去了许多自由。

在原始时代，我们的祖先为了解决居住的问题，经历过从地下到地面和从空中到地面两条途径。

从地下到地面，是指从穴居到半穴居到地面建筑，这主要指生活在北方的原始人类。刚开始，他们只是利用自然山洞，稍事加工，像北京周口店的北京猿人遗址、山顶洞人遗址都属于这种居室。至新石器时代，随着生产的发展、工具的改进和原始农业的产生，我们的祖先开始进入相对定居的环境。这时单靠利用、加工自然山洞，已不能满足居住需求了，于是在黄河流域和适于挖洞穴的黄土地带，人们开始挖掘各式各样的洞穴来居住，有竖穴式的、横穴式的。竖穴式的居室主要在平原或较宽广的台地。在北方新石器时代的磁山文化遗址和裴李岗文化遗址都曾发现此类窖穴，一般口小底大，地面有红烧土痕迹，当然，居室顶部建筑早已不存，据民族学资料，当为圆锥形。横穴式居室主要在黄土高原，选择向阳坡，在沟坎断崖上向里掘洞，利用黄土的松软与黏性，掏制而成。由于其易挖，冬暖夏凉，因此被人们沿用至今。考古发现山西石楼岔沟仰韶文化时期的遗存，平面呈方圆形，入口小，室中夹有灶。内蒙古凉城圆子沟发现龙山文化时期的大型聚落遗址，横穴式房址达二十八座，错落有致地排列于山坡，房内地面和墙壁都涂抹有平整的白灰面。

穴居，特别是竖穴居空间面积小，上下出入不便，且又易被雨水冲灌。所以随着人口的增加、生产的发展，人类逐渐向地面扩张，至新石器时代中期开始出现了半地穴式的居室。这种半地穴式的居室在河北武安磁山文化遗址、河南新郑裴李岗文化遗址、内蒙古敖汉旗兴隆洼遗址和仰韶文化的西安半坡遗址、庙底沟类型遗址等都有发现。

半地穴式的建筑有方形、圆形等。一般是先挖一个半米左右的浅坑，正面有一斜坡或台阶，供出入用；室内有火塘，有的火塘边上嵌一陶罐，供保存火种使用。进门一侧筑一低矮土床，是睡觉的地方，大的建筑两侧各筑一土床。地面和墙壁多涂草泥土和料礓石浆，再用火烤成硬面。房屋中间有几根大木柱支撑屋顶，四周墙壁用小木柱，柱间用草索相连，再于草索外抹泥，称为“木骨墙”。半坡遗址中的半地穴式居室，还在门道与室内交界处筑有一段矮墙，以防雨水灌入。

地面建筑的方法和半地穴式建筑差不多，只是不挖浅坑且设有门道。

应该指出的是，从穴居到半地穴式建筑到地面建筑，时间上并没有截然分开，而是相互交叉的。如在磁山文化遗址和裴李岗文化遗址中，既发现了穴居窖穴，又发现了半地穴式建筑；而在半坡等遗址中，也是半地穴式建筑和地面建筑并存。甚至到龙山文化时期，仍有半地穴式建筑。只不过从新石器时代中期开始，建筑面积和规模不断扩大，出现了一定规模的聚落。如内蒙古敖汉旗兴隆洼遗址，发现总数百余座房屋，呈不规则椭圆形分布，周围有一道壕沟。房屋分十余排排列，均为半地穴式，面积大小不等，大者六十平方米，小者不足二十平方米。尚未发现有公共建筑和公共活动场所。到新石器时代晚期，聚落规模扩大，聚落内的建筑结构和布局发生变化。考古发现的陕西临潼姜寨遗址，有房屋一百多座，聚落由住房、贮藏用窖穴、垃圾坑、防御性沟壕，手工生产作坊及公共墓地组成。一百多座房屋分为五组，每组以一座大房子为中心，四周围绕中小型房屋，各组之间为广场，房屋之门皆面向广场。

在南方，我们的祖先则经历了一个从空中到地面居住的过程。

所谓空中居住，就是巢居。南方雨水多，气候潮湿，夏季炎热，且多虫蛇之害。为了适应这样的气候条件，我们的先民先是在树上临时栖息，进而在树上搭巢为屋，大致是利用相邻的几株树为桩，用横木扎结起来，再于其上建筑原始屋室。由于其位置和材料等的原因，我们已无法看到先民“巢居”的遗物，只能从民族学方面来论证。生活在我国南方的独龙族、纳西族、藏族、羌族等，都搭盖有这种相似的树屋。

大约从新石器时代开始，南方的先民在“巢居”的基础上发明了高脚建筑——干栏式建筑。在南方的新石器时代遗址中，如浙江余姚河姆渡遗址、吴兴钱山漾遗址、吴县草鞋山遗址等都曾发现这种干栏式的建筑。其中以河姆渡遗址最有代表性。其干栏式建筑多修建在背岗面水的缓坡上，建筑方法是先把成排的木桩打入地下，木桩在地面以上的高度为0.8～1米，上端以榫卯与地梁相接，地梁之上铺木板，构成平整的居住面，然后再于居住面上立柱、架梁、做墙、盖顶。木构件之间采用垂直相交的榫卯及绑扎等方法连接。采用榫卯工艺，说明当时的木作技术已达较高水平。这种干栏式的建筑具有良好的通风、防潮性能，充分显示了先民的智慧。

原始时代的后期，即铜石并用时代的龙山文化时期，房屋的建筑技术有了较大的进步。一是发明了夯筑技术，龙山文化的遗址，常发现有夯土的房基，发现的山东日照东海峪遗址的台基、护坡和室内地基均为分层夯筑成，土质坚硬，层次分明。这一时期出现的城堡，亦应用了夯筑技术。二是出现了土坯墙。土坯墙更坚固，能防火，能更好地隔绝寒暑，比之原来的木骨墙是个巨大的进步。在河南龙山文化、浙江良渚文化遗址中都发现了用土坯砌墙的房子，良渚文化还发现了火烧过的土坯，外面呈砖红色，里面因未烧透呈黑灰色。三是在建筑中广泛使用了石灰。河北、河南、陕西的遗址中发现的房子，其地面和墙壁往往抹上一层厚约两毫米的白灰，表面光滑平整，质地坚硬，颜色净白，并在一些遗址发现了未烧透的石灰石堆积、烧石灰的窑等，说明当时已知道开采石灰石矿以烧制石灰了。

二、夏商西周时期的科学技术

1. 夏代的科学技术

天文历法。我国已知的第一部历法相传是出自夏代的《夏小正》，它记录了一年中各月份的天象、物候、气象以及人们在该月中所应从事的生产和生活活动。到孔子的时候还说“行夏之时”，说明夏代的历法到春秋时仍与自然气象相吻合，所以当时仍在应用夏代的历法。人们至今把农历称为夏历，也应与此有关。

《左传》曾引用《夏书》的记载，说夏代时曾在房宿位置上发生了日食，结果当时的人们因为不了解原因，惊惶失措，击鼓奔走。这是目前已知世界上最早的日食记录。《竹书纪年》上还记载了夏代发生过的流星雨现象，这也是世界上最早的关于流星雨的记录。

夏代已开始用天干记日的方法，夏代的帝王都用天干取名，夏代前期的帝王太康、仲康、少康，后期的孔甲、胤甲、履癸（夏桀）都是以天干取名的。

建筑。夏代的建筑走向两极分化，一般的平民仍住在半地穴的居室或简陋的地面居室，面积仅六七平方米至十余平方米，狭小、昏暗，是发掘遗址中最差的房屋建筑。稍好一些的是中型地面式或土台式长方形居室，一般筑有半米多高的土台，居室内分成若干隔间，面积一般有几十至上百平方米。最壮观的就是大型宫室建筑，二里头遗址发现的大型宫室建筑群体，组合有序、左右对称，主体建筑居北部中央，南北中轴线与当地太阳纬度方向一致，是经过全面规划营建的。占地面积达八万平方米，除主体宫室外，还有辅助建筑。全部建筑在半米多高的夯土台基上。一号宫室略呈正方形，由正殿、中庭、门道、塾、廊庑组成，正殿坐北朝南，与南部大门和东、西两塾遥相对应，中部是一个大约五千平方米的庭院，四周环以封闭式的廊庑建筑。二号宫殿形制略同一号，亦坐南朝北，大门、中堂、庙堂一线排列，左右廊庑对称，主体建筑与廊庑等附属建筑高低有序。

二里头大型宫殿建筑的设计和制作，反映了当时的建筑水平比之原始时代末已经有了一个飞跃。

2. 商代的科学技术

天文历法。保存在甲骨卜辞中的《殷历》是我国现存最早的历法。它是一种阴阳合历。阴历以月亮绕地球一周（即一次圆缺）为一月，十二月为一年。阳历以地球绕太阳一周为一年，一年 365 天。但据阴历一个月是约 29.53 天，一年为约 354 天，这样一年就与阳历差约十天，于是便要置闰月，或三年一闰或五年再闰或十九年七闰。商代开始时在年尾置闰，后移至年中。

商代开始以十天干配十二地支组成六十干支来记日，这种方法在我国一直使用到近代。商代开始将十天称为一“旬”，旬上为月，月上为岁。岁在甲骨文中像一种有柄的半月形切割工具，其刃部上之两点，为刃上所穿之孔，以便穿绳缚于柄上，由于在一年之末用岁收割庄稼，在卜辞中就用岁指一年的总称。商代尚无四季之分，仅把一年分为春、秋两季。

商代对天象的观察更细致，而且在甲骨文中有确切的记载。甲骨卜辞中保存了许多关于日食、月食的记载，在一片卜辞中较详细地记载了一次日全食，据推测发生在前1328年10月18日。武丁时期的一条卜辞记载说七日这一天晚上，天空中有一颗新星接近大火（心宿二），这是迄今所知世界上最早的新星记录。

商代人对气象的观察也十分仔细，卜辞中有大量关于风、雨、雷、电、雾、虹、霜、雪的记载。

数学。数学与天文历法相依，商代的数学成就也是令人瞩目的。在商代的陶文和甲骨文中可以看到，商人能用一、二、三、四、五、六、七、八、九、十、百、千、万十三个自然数记十万以内的任何自然数。在甲骨文中发现的最大数字是三万。商人记数时常在百位与十位、十位与个位之间加一个“又”字，如五十六写作五十又六。商代时已采用了十进位值制，这在当时是世界上最先进、科学的记数法，对后世有深远影响。从一些甲骨卜辞中可以看出，商代已有奇数、偶数和倍数的概念，有可能已掌握了四则运算。

青铜器铸造。青铜铸造业是商代手工业中最重要的一种行业。而青铜器的铸造在商代也达到了一个高峰。从考古发掘出土的商代青铜器看其分布范围，北至辽宁，南到长江流域的大部分地区，西达陕甘，东至山东、江浙沿海，分布极广。从发掘的青铜铸造作坊看，其规模相当大。河南郑州商城发现的商代早期的青铜器作坊遗址，面积约 1050 平方米，发现有坩埚残骸、炼渣、木炭和上千块的陶范。而在河南安阳殷墟苗圃北地发现的铸铜遗址，面积达 1 万平方米以上，出土陶范三四千块之多。

从出土的作坊遗址和青铜器来看，当时青铜器的铸造工艺大致可分为冶炼、制范、浇铸等工序。

冶炼时先选矿，选好后将矿石打碎，放入熔铜炉中熔化为铜汁，再加以提炼。然后按所铸器物要求的硬度，按一定比例加入锡或铅，调制成不同成分的合金。制范是先用泥巴制成外范，然后制成内范，再经脱水、定型，烧制后即成陶范。浇铸时将外范合在内范周围，范内还要涂入一层涂料，以保证铸件表面光滑。铜液注入范内，冷却后即成铜器。一次浇铸完成的，称“浑铸”。比较复杂的器物须先浇铸附件，再铸器身，最后将附件铸接上去，称为“分铸”。著名的司母戊鼎，通高 133 厘米，重 875 公斤，共用 21 块内外范、投入铜料在千斤以上。这不仅是我国青铜时代最大的青铜器，也是古代世界青铜器之最。经分析它用铜、锡和铅合铸而成。由于铜汁冷却较快，所以必须在较短的时间内灌注完才行。而当时所用的坩埚（又称“将军盔”）较大的一次能熔铜汁12.5公斤，重达875公斤的司母戊鼎至少需要70个坩埚同时工作才行，如以一个坩埚需三四人计，则需250人左右。可见当时青铜铸造技术之高。

医学。我国的医学源远流长，保存了许多反映远古时代史料的《山海经》就记载了50多种疾病名称和130多种药物，反映了远古时代人们的医学知识的水平。但医学从它产生开始，就同巫术混同在一起，上古巫师作医，医巫不分。治病时在巫术中杂有一些合理的医疗术。

商代时，医学有了较大的发展。时人称疾病为“疾”，甲骨卜辞中关于疾患的记载已十分详细，有内科、外科、口腔科、五官科、骨科、神经科、肿瘤科、小儿科、妇科、传染病科等各种疾病共39种之多。不唯如此，他们还对人体的内部组织及骨骼结构等有了一定的了解。甲骨文的“心”字非常像心脏的轮廓形，而1983年在陕西清涧李家崖的一处商代晚期城址中，出土了一块石雕骷髅体人像，生动地勾勒出了人体骨架结构的主要特征，是最早的一件具有解剖学意义的作品。

在医疗上，对药物的辨识和利用已经很有经验。除了古籍有记载，在河北藁城台西村商代的遗址中发现了不少装着药用植物果实和种子的盛器，有桃仁、郁李仁、李实、枣、草木樨、大麻籽等。不但有药物治疗，还有针砭及外科手术等疗法，在发现药物的遗址中，还发现了砭石三件，均作拱背凹刃，尖端圆钝，长 20 厘米左右，因形似镰刀，故又称“砭镰”，可用于切破痈脓、排除瘀血。

由于商代人的迷信，所以虽然医学水平有了很大提高，但仍是巫医不分。

建筑。商代的城市称之为“邑”，依其规范和所在位置的不同，可分为商朝的王都、方国之都、诸侯或贵族的领地及商王朝直接下辖、方国及诸侯贵族等下辖的小邑等。无论是哪一种类型的邑，一般都由居住区、墓地、道路、手工作坊及周围的农田、牧场、山林川泽之类构成。

商代城市的建筑不同时期呈现出不同的分布结构。河南偃师商城，据说是商初国都所在，由外郭内城构成。外郭略呈长方形，南北长 1700 余米，东西宽 1200 余米，面积约 190 万平方米。有东门三座、西门三座、北门一座，南面为宫墙所在。城门之间均有大道相通，纵横交错。城门还设有“马道”，与主干道相通，一旦发生紧急情况，士兵可顺马道直登城头。城外还有十几米宽的护城壕。内城则包括宫城和左右两座拱卫的小城。整座城市的布局是南半部为宫室建筑群，北半部为平民居住区、手工业作坊区与墓地。而另一座为商代前期的城市的郑州商城则与偃师商城大为不同，宫室区在城的北部，手工业作坊则分布在城外，一般居民分布在内城根和城外的手工业作坊区。

作为商代后期都城的河南安阳殷墟，总面积达到 24 平方公里，呈现为大小不一的聚居点与农田参差间隔的半城半乡结构。宫室区在城中部偏东的高地上。城内除了聚居点、宫室、农田外，还有手工业作坊区、墓地、王陵区等。

在居室房屋方面，商代也大体分三等。第一等即是宫殿建筑，不仅规模宏大、布局规整和系列化，在建筑上也十分讲究。宫殿都建在高台上，打地基时先挖下 1 米多深，再填土层层夯实，每层夯土的厚度在 7 至 10 厘米之间，夯土层可达 19 层，直至高出地面 1 米左右。在最后两三层夯土中，按次序埋上柱础。在柱础石周围以夯土加固，在柱础石之上，有的还加有铜质柱础。其墙仍是“木骨墙”，顶是以草拌泥为顶，屋顶为两面坡状。宫室建筑一般由几组构成一个群体，组合复杂，主次有别，主体建筑居中，附属建筑前后左右对称照应。而且还包括宗庙、祭坛等建筑。第二等为贵族、上层人物所居住的地面式住宅，比较高级的由几座大小不一的房屋构成宅落，房屋之间有狭道相通，房屋内部为套间，东西向和南北向的房屋有机搭配，形成大小庭院，还有水井、储藏窖，甚至有垃圾坑。一般的则是 30 平方米上下的套间建筑。第三等为一般平民居住的半地穴式房屋，至商代后期，这种半地穴式房屋逐渐接近地面式建筑，入地较浅，地面多用土夯筑，表面有石粉泥，有的夯土经过火煅以防潮湿。较大的房屋里面还筑有一道隔墙，将房屋分为内外两部分。此外，还有一些深入地下的穴居，狭小、阴暗、潮湿，当是奴仆们的住所。

3. 西周时期的科学技术

天文历法。西周的天文历法在商的基础上有了进一步的发展。有了专门的观测天象的机构和人员，并有专门观测天象的场所——测景台。已使用圭表来观测日影，测定冬至日和夏至日。同时，还开始用刻漏来计时。西周时期在历法上比之殷商时期的一个重大进步，便是以干支和月相配合来计时，从而使人们知道该日在某月中的确切位置，使所记日辰比较准确。所谓月相，就是对从地球上看到的月球盈亏变化的描述，说明西周时人们对月亮盈亏变化的规律性已有了一定的认识。周朝人所用的月相术语有初吉、既望、既生霸、既死霸等。一般认为，初吉为月初一至七、八日，既生霸为八、九日至十四、十五日，既望为十五、十六日至二十二、二十三日，既死霸为二十三日至月底。

周人还将月相与天象的观察结合起来，例如《诗经》上记载在十月之交、朔日辛卯发生了日食，这是我国典籍中关于朔日的最早记载，据推算，这次日食当发生在周幽王六年十月初一，即前776年9月6日。这是我国最早的有明确日期的日食记录。

医学。西周以前，巫医不分。从西周开始，巫和医有了初步的区分，在职官体系上，巫祝和医师分别属于不同的系统，巫祝列于“春官大宗伯”，医师列于“天官冢宰”。医师总管医药行政，负责在年终考核医生们的业绩，并根据其业绩来评定他们的级别和俸禄。当时已有专门的医疗机构，在科目上分为食医（医疗保健）、疾医（内科）、疡医（外科、伤科）和兽医。在诊断上总结了用“五气、五声、五色”即根据人的体温、声音、气色来诊断，然后“以五味、五谷、五药养其病”，即用药与营养食疗相结合来治病。“五药”指草、木、虫、石、谷，并且说“凡疗疡，以五毒攻之，以五气养之，以五药疗之，以五味节之”，即对外科、伤科疾病既要治标，又要治本；“五毒”指石胆、丹砂、雄黄、礜石、慈石等炼制的外用药，这可能是我国古代最早使用的化学药物。

此外，西周时期在物理学上已掌握了用“阳燧”（即凹面镜）聚焦阳光取火，这是人类最早利用太阳能的一种方法。这一点不仅古籍上有明确记载，而且考古工作者在北京昌平西周墓葬与陕西扶风的西周墓葬中出土了三件西周时期的阳燧实物，它们均为铜制的凹面圆镜，在阳光照射下能反射聚集从而引火。

三、春秋战国时期的科学技术

1. 天文历法

春秋战国时期是我国天文历法飞跃发展时期，在天象观测方面和制定历法方面有了长足的进步。

二十八宿的名称在这一时期正式形成和确立。古人对行星的观察是以恒星为背景的，为了更好地说明日、月和五大行星（金、木、水、火、土）运行的位置，需要选一些星宿作为基准，便逐渐形成了二十八宿的概念。星宿是以天空中一颗显著的星为主并包括邻近的一些星的集合称谓。在《夏小正》里已经提到了二十个星宿的名称，至西周时，已有了二十五个星宿的名称，到春秋战国之际，二十八宿便正式形成和确立了，在这个系统中，按东南西北四个方向各分七宿，然后把七宿联系起来想象成一种动物形象，这样就成为：

东方苍龙七宿：角、亢、氐、房、心、尾、箕。

北方玄武（龟蛇）七宿：斗、牛、女、虚、危、室、壁。

西方白虎七宿：奎、娄、胃、昴、毕、觜、参。

南方朱雀七宿：井、鬼、柳、星、张、翼、轸。

1978 年，湖北随县发掘的战国早期曾侯乙墓中，出土有一只漆箱盖，其中央是一个很大的篆文“斗”字，表示北斗七星，“斗”字周围一圈写着二十八宿的名称，两端绘着青龙和白虎。漆箱是实用之物，箱盖上绘二十八宿显然属装饰性质，可见在当时二十八宿的概念已相当普及。这是迄今为止所见到的最早的二十八宿实物资料，其年代大约在前 430 年。

二十八宿是我国最早的天文坐标图，日、月、五大行星的运行，彗星、新星、流星的出现，都可以在这个坐标图上标出方位。而根据恒星的方位，又可以比较准确地推算出一年重要季节的到来。所以二十八宿的划分与应用，是我国古代天文学研究的一项重大成就。

春秋战国时期，在天象观测方面还留下了许多珍贵的记录，如《春秋》在鲁庄公七年（前 687 年）有世界上关于天琴座流星雨的最早记录；在鲁僖公十六年（前 644 年）有最早的陨星记录；在鲁文公十四年（前 613 年），有最早关于哈雷彗星的记录。此外，这一时期对一些天象还做了系统化的记录，如《春秋》一书记载了从前 722 年到前 481 年共 242 年的历史，而关于日食的记录竟达到 37 次。据考证，其中至少有 31 次是确定可靠的。这说明当时人们对日食的观测十分重视并使之制度化了。而长沙马王堆三号汉墓出土的出自战国时楚人之手的 29 幅彗星图，描绘了各种形状的彗星，彗尾有宽窄、长短、直弯各种不同形态，彗头画成一个圆圈或圆形的点，有的圆圈的中心又有一个圆圈或小圆点，可见人们已认识到彗头分为彗发与彗核两个部分。这些都说明了当时人们对彗星的观测已经达到比较精细的程度。

战国时期在对行星和恒星的观测上取得了惊人的成就。楚国的天文学家甘德著有《天文星占》八卷、魏国的天文学家石申著有《天文》八卷，他们的著作后来被合编为《甘石星经》。甘德、石申发现了行星的运行现象。他们还对五大行星运动的周期进行了测量，当时人们已经把行星的恒星周期（行星运行一周天所需的时间）和会合周期（行星两次晨见东方的时间间隔）区别开来。甘德、石申测定的水星会合期为 126 日（现测定为 115.8 日），金星会合期为 587.25 日（现测定为 583.9 日），木星的会合期为 400 日（现测定为 398.88 日），火星的恒星周期为 1.9 年（现测定为 1.88 年），木星的恒星周期为 12 年（现测定为 11.86 年）。而长沙马王堆出土的成书于战国末期的帛书《五星占》，也记载有木星、土星、金星的会合周期，分别为 395.44 日、377 日（现测定为 375.91 日）和 584.4 日。

甘德、石申还精密地定出了 120 颗恒星的具体坐标值。他们所测定的恒星记录，是世界上最早的恒星表。甘德测定恒星 118 座，计 511 颗星；石申测定恒星 138 座，计 810 颗星。

在历法上，春秋战国时期也有了很大发展。春秋后期，推定一个回归年为 365.25 日，一个朔望月为 29.53085 日，这样置闰正好十九年七闰。因为回归年的尾数为四分之一日，所以称为四分历。四分历是当时世界上居于领先地位的历法，是世界上最精确的历法之一。战国时期是我国历法的确立时期，各国使用的历法有黄帝历、颛顼历、夏历、殷历、周历、鲁历，史称“古六历”。“古六历”都是四分历，只是规定的岁首即每年开始的月历有所不同。

为了更精确地反映季节的变化，古人创立了二十四节气。二十四节气的形成有一个漫长的过程，起初大约只有冬至、夏至、春分、秋分，到春秋战国时期正式形成完备了二十四节气，它们是：

立春　雨水　惊蛰　春分　清明　谷雨　立夏　小满
芒种　夏至　小暑　大暑　立秋　处暑　白露　秋分
寒露　霜降　立冬　小雪　大雪　冬至　小寒　大寒

二十四节气分别标志着太阳在一周年运动中的 24 个大体固定的位置，是对太阳周年运动位置的一种特殊的描述形式，它们又能较好地反映一年中寒暑、雨旱、日照长短等变化的规律。所以，它们不但具有重要的天文意义，而且对于农业生产及人们的日常生活都有重要影响。自其形成完备后，一直成为我国传统历法的重要内容，至今仍在发挥重要作用。

这一时期，由于各国都用本国国君在位年数纪年，不利于相互交往，于是便创立了岁星纪年法。因为岁星（即木星）的恒星周期约为十二年，人们便沿着赤道把周天划分为十二等分，称为十二星次，分别为星纪、玄枵、娵訾、降娄、大梁、实沉、鹑首、鹑火、鹑尾、寿星、大火、析木，以每年岁星在某一“次”的天文现象来纪年，比如说“岁在鹑火”，这样就可以得到统一的纪年。以后，又创造出了摄提格等十二个太岁年名，并用十二辰名来代替十二太岁年，其次序为寅、卯、辰、巳、午、未、申、酉、戌、亥、子、丑。

2. 数学

春秋战国时期，由于与数学相关的天文历法、农田水利、建筑等的发展，由此也促进了数学的发展。

算筹和筹算的发明，是中国古代数学的重大成就。它产生于春秋之前，在春秋战国时臻于成熟。算筹是一种特制的小竹棍，也有用木、骨及金属制作的。算筹一般都盛放在算子筒里，出外则装在一个特制的丝袋（称为“算袋”）里，佩带于腰部。用算筹表示数目，有纵式、横式两种，用纵式代表个、百、万位的数，用横式代表十、千位的数，遇零则用空位表示，这样用极简单的竹筹纵横布置，能够表示出任何自然数。用算筹来进行计算叫作“筹算”，即通过算筹的摆列，进行加减乘除以至开平方、开立方等的运算，整数以后的奇零部分，则用分数表示。筹算制度一直到 13 世纪的元朝，珠算法逐渐推广之前，在中国沿用了 2000 多年，后来的“筹划”“筹策”“筹算”“筹议”等常用词，都由此而来。

这一时期，万以上的大数计数也已出现，进位制有十进和万进两种。出现于春秋之前的四则运算方法，已相当完备。“九九”乘法口诀在春秋时已出现。“勾三股四弦五”的勾股定理在这一时期已有了明确的表述，成书于这一时期的我国古代第一部关于手工业技术方面的著作《考工记》，则对勾股定理进行了具体应用。《考工记》中所应用的数学知识，还涉及分数、角度、标准量器容积的计算等等。分数在这一时期已经常被使用。这一时期，墨家学派的著作《墨经》已经给一些几何概念如圆、角、正方形、矩形等作了比较严格的定义，并有关于点、线、面、体及它们之间相互关系的说明。《庄子》中还记载了公孙龙提出的著名命题：“一尺之棰，日取其半，万世不竭。”即把一根一尺长的木棒，每天截取前一天所剩下的一半，永远也不会取完。

3. 物理学

在夏、商、西周对物理知识的积累下，春秋战国时期的物理知识也达到很高水平，这一时期的著作《考工记》和《墨经》中都有很多精彩的论述。

在力学方面，这一时期对摩擦力、浮力等均有一定认识。《考工记》在谈到车轮的制造时说，要使车速快，就必须使车轮与地面的接触面小，这样车轮才滚动得快；而要使车轮与地面的接触面小，就要将车轮做得正圆。《考工记》中还谈到了利用水的浮力问题。要检查木材的质量与车轮的质量，可将制好的车辐与车轮放入水中，看它们浮沉的情况是否相同，从而确定其质量是否均匀。同时，《考工记》还把这一知识运用到箭的制造上，箭杆制造好了，把它放在水里，视其浮沉的情况来设计其箭羽与箭头部分。《考工记》还注意到了物体在空气中运动时各部分的比重问题，说箭矢在空中飞行时，若前部轻或后部轻则会影响箭飞行的高低，中部太轻则箭矢会纡曲不直，中部太重则会轻飏不定。箭羽太多则飞行缓慢、太少则不准。这些认识应是空气力学的萌芽。

《墨经》还对杠杆的平衡问题做了深入的探讨。认为杠杆要保持平衡，其支点一定得在正中，如果加重一边，另一边则下垂，要恢复平衡就须移动支点，使重臂短力臂长；若两边同时增加相等重量，则力臂一边必下垂，这是因为力臂和砝码的联合作用大于另一边重臂与重物的联合作用。这实际已发现了杠杆的平衡原理。

这一时期，还对物体的重心问题有了很好地把握。《荀子》说：孔子在参观鲁庙时，看到了一种叫“欹器”的可灌水容器，当它空的时候是倾斜的，而灌满了水则会倾覆，只有灌的水适中才会正立起来。因为它揭示了一种做人的道理，所以被统治者用作座右铭，故又称“宥坐”，宥通右。

在声学方面，我国是首先发现声音共鸣现象的国家。《墨子》记载，为了防止敌人在攻城时使用挖地道的战术，可在城内沿城墙根每隔一定的距离埋下大瓮，瓮口紧绷薄牛皮，派人贴着瓮口监听，由此来判断敌方挖地道的方位，以做准备。这说明当时发现了声波共鸣可使声音放大的现象。《庄子》记载了这样的实验：把两瑟置于两个房间，在一个房间拨动一瑟的弦，另一房间瑟的同一弦也会随之振动。而如果调一瑟中的某一弦，使它与五声中任何一声不符，那么拨动它时，另一瑟上的二十五根弦都会振动。这可以说是世界上最早的共振实验。在乐律上，春秋战国时期，已出现了五声音阶、七声音阶和十二律的完整理论体系。五声音阶、七声音阶用宫、商、角、徵、羽来表示，十二律用黄钟、大吕、太簇、夹钟、姑洗、仲吕、蕤宾、林钟、夷则、南吕、无射、应钟来表示。这也从一个方面说明了当时的声学水平。

在光学方面，《墨经》已指出了光线直线传播这一重要原理，并通过小孔成像的实验加以论证：人体反射的光线经过小孔后，因为足部挡住了下面的光线，成影于上；而头部挡住了上面的光线，成影于下，所以成的像是倒影。《墨经》还对平面镜、凸面镜和凹面镜成像的原理进行了探讨。平面镜的成像只有一个，且同物体大小、形态完全一样，凸面镜的成像是一个比原物体较小的正立像，而凹面镜则复杂一些，当物体放在球心外时，得到的是比物体小的倒立像，当物体在球心内时，得到的是比物体大的正立像。《墨经》还阐述了物动影不动的原理，当物体移动时，影子并不移动，是前影消失、后影产生，人们看到的影的移动实际是前影不断消失、后影不断产生的连续过程。《墨经》还提出了“宇宙”的概念，它把“宙”称为“久”，说：“久，古今旦暮。宇，东西南北。”一个是时间概念，一个是空间概念。

我国还是世界上最早发现磁铁指极性的国家。春秋战国时期，随着采矿、冶金的发展，人们发现了磁铁矿的吸铁性，又发现磁铁除了有吸铁性外，又有指向性，即磁铁同性相斥、异性相吸，具有南北指向性，于是发明了指向仪器——司南，司南是用天然磁铁磨制成杓状之物，投置于光滑的地盘（罗经盘）上，其杓柄就会指向南方。

4. 医学

春秋战国时期，随着医学的发展和对疾病的认识，医学逐渐脱离巫术而独立。像产生于战国时代的《五十二病方》，说明当时治病是以药物为主。这一时期著名的名医扁鹊曾有“六不治”，其中之一就是“信巫不信医”不治，这既说明当时的医学中尚有巫的影子，也说明医学正在努力摆脱巫而独立。

春秋战国时期医学的发展主要表现在三个方面：

医方。这一时期对药物的认识已十分丰富，所用药物的品种已大大增加。长沙马王堆汉墓出土了这一时期的一批医学帛书，其中就有已知我国最早的医学方书——《五十二病方》，书中记载了52类疾病（书中实存45类），包括内、外、妇、儿、五官等各科疾病103种，现存医方283个，药名达247种。书中所载方剂多为二味药以上的复方，而且即使同一种疾病，也区别为不同的类型，并根据不同的类型调整主药的剂量，反映了已有辨证施治的思想。不少药方后面注明“尝试”、“已验”、“令”（善），表明已经过实践的检验。《五十二病方》主要为外科的诊治和药方，它在许多外科疾病的论述和医疗技术上都达到了相当高的水平，如在外治方法上，除药物外敷外，还有手术、药浴、熏蒸、熨、敷、砭、灸、按摩、角法（类似火罐）等。对某些外科或皮肤疾病，强调要先清洗患处，对覆有脓血或坏死组织的疮面要加以清理，然后敷药。有的方子还强调要用手直接敷药。在外科手术治疗上，如切除内痔，先把狗的膀胱套在竹管上，插入肛门吹胀，将直肠下端内痔引出，然后切除，手法十分巧妙。

长沙马王堆汉墓出土的除了《五十二病方》外，还有帛书《养生方》《杂疗方》及竹简《十问》《合阴阳》《天下至道谈》等，内容涉及养生学、性医学和性保健。还有《胎产书》是迄今发现的最早的关于妇产学方面的文献，

《却谷食气》和《导引图》是我国现存最早的专门论述气功导引的文献和导引图谱。

名医。春秋战国时代，随着医学的发展，还出现了一些医生，他们在医学理论和医疗实践上都达到了很高水平，如秦国的名医医和，在论述医理时说："天有六气，降生五味，发为五色，征为五声，淫生六疾。六气曰：阴、阳、风、雨、晦、明也。分为四时，序为五节，过则为灾。阴淫寒疾，阳淫热疾，风淫末疾，雨淫腹疾，晦淫惑疾，明淫心疾。"这段精辟的病因、病理论断，把疾病的原因归之于自然因素和因人体内部失去阴阳平衡所致。他提出的阴、阳、风、雨、晦、明六气的病理理论，是后来形成的风、寒、暑、湿、燥、火"六淫病源"说的基础；他的"阴淫寒疾，阳淫热疾"的说法是后世"阳盛则热，阴盛则寒"的病变学说先导。医和的病理理论，将中国传统医学推向了一个新的高度。

这一时期最著名的医学家为扁鹊，本姓秦，名越人，齐国渤海（今河北任丘）人，大约生活在前5世纪。因为他医术高明，人们用传说中黄帝时代的名医扁鹊之名来称呼他，而本名则反而被人忘了。扁鹊继承了前人的医学成就，深入研究了前人的医学著作，又经自己十几年的探索努力，终于成为医术高手。他长期在民间行医，能随俗而变，他到赵国，了解到当地妇女多病，便做妇产科医生；到洛阳，知道当地老人多耳目之病，又做"耳目医"；到秦国，知道小孩多病，又做儿科医生。扁鹊看病，采用切脉、望色、闻声、问病四诊法，尤精于望诊和切诊。他善于综合运用药物、针灸、按摩、导引，以及热熨等外治疗法来治疑难病症。他到虢国，虢国太子得急病暴卒，扁鹊断定他是“假死”，即休克，于是用针灸法使虢国太子“起死回生”。他行医治病，规定有“六不治”：骄傲蛮横不治、轻身重财不治、衣食不周不治、阴阳失调不治、不进药物不治、信巫不信医不治。他还著有医书，惜已亡佚。

《黄帝内经》。《黄帝内经》是先秦时期医学理论的集大成之作，奠定了中国中医学发展的理论基础。它大约成书于战国时期，并非一人一时之作，而由长期以来众多医家的心血凝结而成的。

《黄帝内经》分《素问》《灵枢》两部，它涉及医学、养生学、气功学，对人体解剖、生理、病因、病理、症候、诊断、治疗和预防，以及药物的性味、功用、方剂、组成等都进行了系统的论述。它认为人体各部分、各器官是一个互为应照的有机整体，如果某一部分发病，就有可能牵连其他部分，甚至整个身体，而全身的状况又可影响到局部的病理变化。再扩而大之，人体又是自然的一部分，天人相应，自然环境和社会环境都会影响到人体健康。它应用当时流行的阴阳五行学说，对生理、病理，疾病的发生发展、临床诊断和治疗等基本问题从理论上进行了阐述，指出人体必须保持阴阳的相对平衡。除了“和于阴阳”，还要“调于四时”，要和大自然协调、人体内外要统一。《黄帝内经》的出现，标志着中国传统医学理论基础的确立，它的一套辨证论治的理论体系，对中国的医学产生了极其深远的影响。

5. 地理学

春秋战国时期是中国地理学的初创时期。这一时期，产生了我国最早的地理学著作，在地图绘制上也达到了较高的水平。

产生于这一时期的《禹贡》，是我国也是世界上最古老的地理学著作之一。《禹贡》全篇仅1193字，它把当时知道的全国地理概貌，从政区划分到农业、物产、贡赋、山河、交通运输等内容，分区表述。它由“九州”“导山”“导水”“五服”四部分组成。“九州”部分把全国依天然的江、河、湖、海界线，划分为冀、兖、青、徐、扬、荆、豫、梁、雍等九州，并就各州的山川、湖泽、土壤、植被、田赋、特产和运输路线等特点进行了区域对比；“导山”部分，专列山岳二十余座，按从北到南的顺序，把我国的山系分为从西向东延伸的四列，四列又分为九段；“导水”部分专写河流，按先南后北、先上游后下游、先主流后支流的顺序，叙述了九条水系；“五服”部分则是以帝都为中心，把天下分为五类地区，作为一个整体来研究。《禹贡》以分区论述的结构，突出地理特点，把自然区与经济区、行政区融为一体，对当时全国的自然地理、经济地理、水运交通等作了系统、全面的介绍，表达了一种古朴的大一统思想，对后世地理学的发展产生了极其深远的影响。

这一时期的地理学著作还有《山经》。《山经》即《山海经》中的《五藏山经》，简称《山经》。它以今天的河南省西部作为中心部分的“中山经”，自此以南为“南山经”，以西为“西山经”，以北为“北山经”，以东为“东山经”。然后以山为纲，分列次第，依次描述了各山的地形、水文、气候、动物、植物以及矿产资源等。《山经》一共描述了451座山、300条水、27个湖泽、160种植物、270多种动物和89种岩石矿物。还有许多自然地理现象的描述，如南方山地喀斯特溶洞的描述、北方干旱及半干旱地区季节性或间歇性河流的描述、潜流或地下暗河的描述等。

春秋战国时期，由于政治、军事、经济的需要，地图的发展非常迅速，地图绘制也达到较高水平。《管子》一书中有专门论述地图的《地图篇》，可见当时对地图的重视。1977年在河北平山县中山王墓中出土了一幅《兆域图》，距今2300年，是目前发现的我国最早的一幅建筑平面图，绘制得相当整齐精确。1986年在甘肃天水放马滩一号秦墓出土了绘在木板上的秦地图，它所绘的是今天甘肃天水市的一部分行政区域，从绘制技术上看，除了没有明确的分率（比例尺），晋代著名地图学家裴秀提出的制图六体（即制图的六项原则）中的五体，即准望（方位）、道里（距离）、高下（地势起伏）、方邪（倾斜角度）、迂直（河流道路的曲直）均已具备，且与今天天水市地图相比，多有相合，可见两千多年前古人的绘图水平已达到相当高的程度。

第四章　思想与宗教

一、原始时代的信仰与崇拜

1. 自然崇拜

人类是自然之子，大自然同人类息息相关。在大自然中，既有阳光雨露、山珍水产，使人类得以生存；又有严寒酷暑、风雷雨电、毒蛇猛兽，给人类以巨大的威胁和灾害。大自然让人类感到既神秘又敬畏，所以人类最早的崇拜对象就是大自然；人类最原始的宗教便是自然崇拜。人们崇拜日月星辰、风雨雷电、山川湖海、水、火、土地和各种动植物。

日月星辰崇拜。每天清晨太阳从东边升起，至傍晚则夕阳西下，所以日、月和人类的生活最密切，因此被人类所崇拜。特别是太阳，它给人间以光明和温暖，使万物得以生长，所以成为先民最早和最主要的崇拜对象。山东莒县陵阳河遗址出土的属于大汶口文化的陶尊上，刻有关于日出的符号，为太阳在山峦之巅、云层之上冉冉升起的形象，表现了当时人们对太阳的崇拜。江苏连云港将军崖的原始时代的岩画上，画有人们拜日的形象，拜日者双膝长跪，双手高举过头，十分虔诚地向太阳祈求。内蒙古的阴山岩画中亦有拜日图，一人迎着太阳，两臂上弯合掌作礼拜状。同时，上古神话中亦有许多有关日的传说，如“羲和生十日”“羿射九日”“夸父追日”等。对月亮的崇拜往往和太阳联系在一起，在考古发现的原始时代的图画或岩画中，往往都是同时画有日、月的，如云南沧源、内蒙古的岩画中有不少日神、月神的形象。而一些少数民族至今仍保留祭拜日、月的习俗，如云南的一些白彝，每逢农历冬月二十九日举行太阳会，祭日神；三月十三日则举行太阴会，祭月神。星辰也是被崇拜的对象，如北斗七星等，西北马家窑文化的陶器上就有星座花纹。天文中的二十八宿，实际也是对星辰崇拜的一种演变。对星辰的崇拜而发展出来的斗姆、魁星、玄武等，成为民间信仰和道教的重要内容。

风雨雷电崇拜。风雨雷电的变化无常，以及带来的水灾、火灾等让人类畏惧。同时，在农耕社会，风调雨顺是庄稼收获的保证，风不调雨不顺的结果是旱灾、水灾、饥荒，所以风雨雷电很早就被人类所崇拜。风神被称为“风伯”“箕伯”，箕伯即二十八宿中的箕星。也有把风神视为鸟的。雨神被称为“雨师”，雨同农业的关系最密切，所以祈雨、求雨活动作为对雨神的崇拜形式，在原始时代就已开始。而雷电是让人惊恐的现象，所以雷神被想象成比较狰狞的兽形，民间往往称为“雷公”。雷电是联系在一起的，所以早期雷神往往兼掌雷电，以后随雷公人格化，成为男性，于是闪电被演化为雷神的配偶，称“电母”或“闪电娘娘”。

山川河海崇拜。山川以其高大雄伟、连绵险峻和丰富的自然资源以及栖息的凶禽猛兽，显得神秘莫测而被崇拜，不仅山有山神，而且山往往成为神鬼的寄居地。原始时代的山神崇拜非常普遍，以后的对五岳的崇拜也由此演化而来。至今生活在山区的少数民族如东北的鄂伦春、赫哲族，西南的纳西、羌、独龙、怒族等，都保持着祭祀山神的传统。水是人类主要的生活来源，是灌溉、捕鱼、交通的重要条件，同时水的泛滥又给人类带来巨大的危害，所以对水的崇拜很早就有了，河有河神、江有江神、海有海神。直至后来龙王信仰兴起后，大部分对江、河、海神的崇拜为对龙王的崇拜所代替。

社稷崇拜。社是土地神，稷是谷神。土地是人类生存的舞台，是万物的载体。土地又是农业生产的基础，它和稻谷一起养育了人类。所以人类是怀着感恩报答的心情崇拜土地的。海南的黎族、广西的壮族、云南的彝族都有祭祀土地神的习俗。在早期，土地神往往以自然物代替，如黎族、壮族都是在大榕树下或小石屋内置一石头，象征土地神。考古发现，四川大溪文化即以大石铲作为土地神偶。后来，管辖本氏族或本部落的土地神被称为“社神”。稷是中国最早被种植的谷物之一，所以被奉为谷物之神。我国进入文明社会后，因为农业为立国之本，所以社稷又成为国家的象征。除社稷之外，远古时代还崇拜神农氏，他被推崇为农业的发明者。

*动植物崇拜和图腾崇拜。*动植物同人类有密切的关系，它既是人类必不可少的生活资源，而有毒、有害的动植物又往往威胁人类的安全。人们既依赖于动植物，又畏惧动植物，便将它们奉为神明。在大汶口文化的祭器陶尊上，刻有一棵树用以供奉。仰韶文化中有许多彩陶葫芦瓶，红山文化出土有兽首葫芦玉佩，都说明对葫芦的崇拜。浙江河姆渡文化出土的陶钵上，刻有稻穗纹饰，可能是当作谷神崇拜。动物崇拜就更多了，仰韶文化出土的彩陶上绘有鹿、鸟、鱼、蛙、龟等图案，红山文化出土有玉龟、玉鸟、玉鸮及龙、虎等，河南濮阳西水坡仰韶文化的墓葬中，发现在男性死者两侧分别用蚌壳砌塑的龙、虎形象。

对动植物的崇拜，又与图腾崇拜联系在一起。“图腾”是北美印第安人鄂吉布瓦人的方言，意为“他的亲族”。图腾崇拜是认为自己的氏族同某一种动植物有某种特殊的关系，自己的氏族源于这种动植物，主要是动物，同它们有血缘关系，所以把它视为本氏族的保护神加以顶礼膜拜。图腾崇拜在我国原始时代也普遍存在。如我国的东部及东南沿海地区都有对鸟图腾的崇拜，东夷、淮夷的一些部族及东北的高句丽都传其始祖为卵生的，起于东部的商人也传说其始祖为一叫简狄的女子吞了燕子的卵生的。考古发掘出的大汶口文化和山东龙山文化中的一些遗物也反映了对鸟的崇拜。河姆渡文化的骨匕、象牙匕上有阴刻鸟纹，还雕刻有许多石或象牙的鸟形饰；良渚文化也在玉琮、玉璧、玉镯上发现了类似鸟纹饰的图案。还有蛙图腾，在仰韶文化的彩陶上多绘有蛙的形象，尤以西北地区为多。壮族认蛙为雷神之子，能通天地、主雨水，因此在岩画上、铜鼓上多画有青蛙形象，每年还要过青蛙节。纳西族也奉青蛙为神。还有狗图腾，畲族即以狗为图腾，每家都有一个祖杖，即狗头杖；每个家族都有祠堂，供有描述狗图腾的长卷祖图，叙在高辛王（即五帝之一的帝喾）时，有一天皇后忽然耳痛，结果医生从皇后耳中取出一条虫来，这条虫后来化为犬。时值燕王造反，高辛王出榜招贤，说有取得燕王首级的当以公主嫁之，招为驸马。结果这只犬扯去皇榜然后潜入敌营，咬下燕王首级回来报功，并变身为犬头人身，于是高辛王招为驸马。后生三子，长子姓盘、次子姓蓝、三子姓雷，都为畲人祖先。有些地方的苗族亦有类似传说，说颛顼时有一老妇，生了一个瘤子，有一天瘤子变成了盘瓠，即犬，盘瓠因取吴国将领的首级而有功，封为护国将军，娶帝女为妻，生六男六女，繁衍成苗族。

中华民族的图腾是龙和凤。龙和凤都是现实生活中不存在的，都是由各氏族的图腾融合而成的，它们的形成有一个过程。比如龙，它有蛇的特征，当是以蛇为图腾的氏族融合而来，被视为华夏族始祖的伏羲、女娲在上古画像中是人身蛇尾，在考古发掘中亦发现蛇龙的形象；它还有鳄鱼的特征，湖北屈家岭文化出土的陶盘上绘有扬子鳄的头，在甲骨文上龙的象形文字类似鳄鱼，可见亦有融合以鳄鱼为图腾的氏族；它还有猪的特征，龙的口鼻像猪，红山文化中就出土了一些玉猪龙，身子像蛇，而头像猪；它还有闪电那种弯曲不定、飞腾变化之象。它甚至还有鹿的角、鹰的爪、鱼的鳞等等，说明龙的形象是融合了各氏族的图腾而成的，也反映了中华民族的形成融合过程。而凤的形象当是我国东部、东南部的各氏族的鸟图腾融合而成的。

2. 灵魂崇拜

灵魂观念是人类最早的宗教观念之一，是人类对自身生命现象的神秘化理解。原始人对自身身体构造不了解，对睡眠和做梦感到困惑，认为做梦是人的灵魂与肉体发生分离。由此相信人是由肉体和灵魂组成的，人死以后，肉体死亡，而灵魂不死，这个独立存在的灵魂又被称为

“鬼”。“鬼”者“归”也，它会经常回来寻找自己的寄居地。目前所知，灵魂概念是我们祖先最早的宗教观念。早在旧石器时代晚期的山顶洞人时，发现他们在死者四周撒有红色的赤铁矿粉粒，红色是血和火的象征，人身上的血流光后就会死亡，而火则带给人温暖和熟食，还可驱逐野兽。可见这是一种宗教祈祷仪式，是生者对亡灵不死的祝愿，是对生命的一种挽留。到新石器时代，在西安半坡遗址、洛阳王湾遗址、郑州大河村遗址等属于仰韶文化的遗址，都发现了用瓮棺安葬夭折的儿童，并在瓮棺上留有一孔，显然是为了供灵魂出入的。在河南龙山文化、湖北屈家岭文化、云南元谋大墩子等遗址，也出土了有孔的瓮棺。此外，因为相信灵魂不死，所以原始人的墓葬一般都放在住地附近或边上，好让亡灵能经常回来。

在尸骨周围撒红色铁矿粉的现象还在仰韶文化的遗址中发现了很多。

原始人的灵魂崇拜还表现在他们的墓葬方式上。在半坡遗址等发现的墓葬，都是将氏族内部的死者埋葬在一起，而且多是按死者之间的辈分二次合葬的，这等于是把地上的氏族社会搬到了地下，让他们的灵魂在阴间也有一个共同的栖息场所，形成一个阴间的氏族公社。在墓葬的方向上也是有讲究的，考古发现，仰韶文化的墓葬方向一般是向西的，大汶口文化则基本向东，龙山文化则向南，这样的葬法是为了便于死者的灵魂找到回归故乡的道路，或认为是将墓葬指向某一特殊的鬼蜮世界，是人死后灵魂所赴的场所。不管哪一种说法，都是灵魂崇拜的体现。

3. 祖先崇拜

祖先崇拜是人类对已故祖先的敬仰，包括始祖、氏族祖先和家族祖先。祖先崇拜反映了先民对自己起源的一种认识、对自己传承的历史与文化的一种追认。

因为人类最先经历母系氏族社会，所以最早崇拜的也是女性祖先。这种崇拜可从中国古代的传说及考古发掘中予以证实。传说中，我国最早的女性始祖是女娲，当时这个世界上并无人类，是女娲用泥土造了人，此外，她还是炼石补天的英雄。除了女娲外，我国还有很多关于女性始祖的传说，比如说炎帝是女登与神龙感应而生、黄帝是附宝与北斗感应而生，尧是庆都与赤龙合婚而生、舜是握登与枢星感应而生。而夏代的创立者大禹是女嬉吞薏苡草生的、商代人的祖先契是简狄吞了燕子的卵而生的、周代人的祖先弃是姜嫄在野外踩了巨人的脚印怀孕生下来的。这些传说都反映了最早的对女性始祖的崇拜。

考古发掘也能为此提供实证。属母系氏族时期的内蒙古赤峰地区的兴隆洼文化，就出土了若干座石雕女神像，她们一般被安放在火塘旁边，既作为保护神，又是祭祀的对象。辽西牛河梁发现的红山文化的女神庙更具代表性，庙里供奉着不少大小不一的陶塑女祖先像，还有祭坛、祭器等，说明了当时对女性始祖崇拜的规模之大和规格之高。

进入父系氏族社会后，就开始了男性祖先崇拜。传说中的伏羲、盘古都是我国最早的男性祖先，伏羲的传说又和女娲联系在一起，在有的传说中，伏羲和女娲是兄妹成婚生育后人。山东与河南的汉代墓葬画像石上都有伏羲与女娲人身蛇尾相交在一起的画像。此外，传说中还有发明钻燧取火的燧人氏、发明了农业的神农氏，以及黄帝、炎帝、蚩尤等男性祖先。对男性祖先的崇拜和祭祀进入夏商周后就成了国家的一项重要制度和重大的典礼，是头等大事。从文字上说，祖先的祖字从“且”，且就是男性的象征。

4. 生殖崇拜

人类的生存发展，有赖于人类自身的繁衍，即两性的结合、生育，才能生生不息、绵延不断。而氏族要巩固强大、不断发展，人丁兴旺是必不可少的；人丁的兴旺又有赖于生殖能力，由此就产生了生殖崇拜。这种生殖崇拜是先民为了生存和发展而创造的宗教信仰，是关系到群体的生存发展的神圣的、严肃的大事。

人类最早看到的事实就是生命是在母腹中孕育、通过母体阴道诞生，然后由乳房哺育生长，加之人类先经历了母系氏族。所以女性及其性器官首先被当作生殖之神来崇拜。早在距今两万五千年左右的属于旧石器时代晚期的广西靖西县同德乡的岩怀山的岩画上就绘有两幅女性生殖器图，此外还另有磨刻而成的女性生殖器图。辽宁喀左县东山嘴发掘出的红山文化的陶塑女像，其中两件小型裸体孕妇塑像，乳房耸立、腹部隆起，臀部肥胖，左手贴于上腹，阴部刻有三角形符号，这显然是为了祈求生育而塑的生育女神像。青海乐都县柳湾原始墓地发掘出一件人像彩陶壶，塑绘裸体女像，壶腹部即为女像的身躯，女像的乳房、脐、阴部及四肢都袒露，乳房丰满，并且用黑色彩绘出乳头，捏塑的女阴部位采用夸张的手法，还用黑彩勾勒出轮廓。这件彩陶壶上除女像外，还饰以蛙腹纹与蛙肢纹。有学者认为，在我国原始时代考古发现的器物绘画形象中，蛙纹和鱼纹都是女性生殖器的象征，因为蛙腹与孕妇腹部相似，皆浑圆膨大，且蛙的生殖力很强；鱼或双鱼的轮廓像女阴，而鱼又多子、繁殖能力强。像仰韶文化时期的陶器上就常绘刻有鱼纹，这也应该是生殖崇拜的一种表现形式。

到新石器时代中晚期，人们逐渐认识到生育子女是两性结合的结果，没有男子，女子不能怀孕，于是出现了对男性生殖器的崇拜。进入父系氏族社会后，这种崇拜更得到了加强。在属于新石器时代中、晚期的广西靖西县旧州村的独峰山岩画上，绘有用简单线条构成的半蹲人形，两腿间有用粗直线绘成的男性生殖器，线条特别长大，与人体不成比例，显然是一种对男根的崇拜。此外，在很多原始时代的遗址中都出土有用石制或陶制的男根。“祖”在甲骨文、金文中都写作“且”，是男根的象征，所以这些石、陶制的男根被称为“石祖”“陶祖”。考古发掘，在仰韶文化、马家窑文化、齐家文化遗址都出土过陶祖。新疆木垒县四道沟新石器文化遗址出土有石祖。在大汶口文化、龙山文化的许多遗址中都出土过陶祖。在红山文化的遗址中还发现了玉祖。

就像用蛙纹、鱼纹象征女性生殖器一样，原始时代也用鸟形来象征男根。新石器时代的陕西临潼姜寨彩陶葫芦瓶、宝鸡北首岭的彩陶壶、甘肃天水杨家坪的彩陶罐等都绘有鸟纹或飞鸟纹。河南陕县庙底沟仰韶文化遗址发现一件颈部布满螺蚊式的陶塑鸟头，应是男根的象征。辽宁沈阳新乐的新石器时代遗址出土有鸟形木雕，长度约四十厘米，造型抽象，只有喙、眼略可辨认，其他部位多卷曲缠绕，鸟的尾部延伸成柄，尾部渐细，可见是插在那里作为男根被供奉的神物。

我们先民的生殖崇拜作为对人、对生命的最本初、最原始的认识，它的影响极其广泛，对原始宗教、神话、礼仪、习俗、医药、思维等都有深远的影响。

5. 巫觋、祭坛

原始宗教产生之初，人人都信仰鬼神，每个人都可以同鬼神打交道，并无专门的宗教人员。随着宗教的发展，宗教活动仪式的复杂，至新石器时代，逐渐出现了专门从事祭祀、占卜活动的巫师，即专门的宗教主持人——巫觋。巫指女性，觋指男性。

巫觋作为沟通人与鬼神、天地之间的媒介，必须无所不知、无所不晓，有问必答，所以必须有十分渊博的知识，不仅要精通各种复杂的宗教仪式，还须懂得天文、地理、本氏族的历史、诗歌，还须能歌善舞等等。所以可以说，巫觋是我国最早的知识分子，而知识从一开始就带有它的灵性与神秘性。同时，也因为巫觋能通鬼神、通天地，所以在氏族中有极高的地位。巫觋的职能主要是主持祭祀仪式。

在新石器时代的磁山文化遗址中，发现有两种祭祀仪式：一种是在坑中放入包括粮食及猪狗、炊器等在内的成组陶器，再进行烧埋；一种是将成组的陶器和石斧、磨盘、磨棒等工具放在一起，举行某种仪式，类似供奉。而在仰韶文化的遗址中，则发现了有人头骨与陶器在一起，或小孩尸骨、人骨和动物共存于灰坑的现象，有的头骨还有刀痕，说明这时已有人殉、人祭的现象。

随着祭祀的日益复杂，又出现了较大型的祭坛与神庙。在属于新石器时代晚期的四川巫山大溪文化遗址中，发现了迄今为止中国最早的大型祭坛，时间约为前 4000 年左右。此外，在龙山文化、齐家文化、红山文化和良渚文化等遗址中都发现了不少大型的祭坛，像红山文化的辽宁牛河梁祭坛，有女神庙和积石冢群。女神庙在牛河梁北山顶，由一多室和单室建筑组成，多室在北，为主体建筑；单室在南，为辅助建筑。形成有一个中心、多单元的对称的殿堂。围绕女神庙又发现积石冢群 20 多处，以石垒墙，以石筑墓，以石封顶。有类似金字塔的建筑，中心为人工堆积的土丘，高 25 米，直径 40 米。而良渚文化的余杭瑶山祭坛，建在小山顶上，由里外三层组成，布局规整，上面铺的红土、灰土等均是从别处运上去的。值得注意的是，这些祭坛基本上都是建在高岗或高台上，深邃浩瀚的天空使人们感到神秘莫测，将祭坛安排在高处，应该是人们以为这样更能接近天，更容易与天沟通。

大型祭坛的出现，是文明起源的标志之一，它需要动员和组织大量的人力物力才能完成，像良渚文化的祭坛，有的一处土墩要两万个人力才能完成，所以它应是王权与神权结合的产物。

巫觋在与鬼神、天地进行沟通时需一定的工具。在黄河流域的龙山文化、齐家文化遗址中，发现了大量用来占卜的卜骨，这种卜骨通常由牛、猪、羊、鹿等动物的肩胛骨做成，占卜时在背面用火烧灼，这样正面会出现灼号，有的还会出现裂纹。巫觋认为通过这种手段可以与神灵沟通，获取某些信息。但长江流域未发现卜骨，巫觋们应是通过玉琮等玉器作为沟通人神之间的法器。

到原始时代的晚期，出现了巫觋中的显赫阶层——祭司。

信仰是人类特有的一种精神现象，是人类文明的开始。有信仰始有畏惧、始有创造，而宗教则是原始人信仰的一种高级形式。原始宗教对早期人类历史的发展所起的作用不容忽视，它对原始人类有极强的凝聚力和号召力，是人类赖以生存、发展和与自然抗争的重要精神力量。巫觋是人类早期文化的传播者和承继者，是人与自然相连接的纽带。应该说，人类早期的原始文化无不受到宗教的影响。

二、夏商西周时期的思想与宗教

1. 夏商时代的思想与宗教

原始宗教的变化。进入阶级社会后，原始宗教在被沿袭的同时也发生了一些变化，主要表现在以下几个方面：第一，在人神沟通上，最初的天与人的沟通是自发的，每个人都可以和神打交道，家家户户都可以举行祭祀。到巫觋出现后，宗教活动逐渐专门化。祭司在原始时代末期出现后，宗教活动已逐渐为上层所控制。进入阶级社会后，宗教就成了统治者利用的工具，被进一步控制起来，巫师、祭司等进入了统治集团的上层，享有特权，所有的宗教仪式也由他们垄断。第二，在神祇崇拜上，原始时代，凡与人类生活密切相关的自然现象和自然物都可成为崇拜对象，比如日、月、星辰、风、雷、雨、电、山川、河流及动植物等。而天也只是其中的一个崇拜对象，并没有超越其他的神灵。但进入阶级社会后，人们有了最高统治者，反映到宗教上也须有一个众神之长。于是从自然崇拜中发展出了天神崇拜，“天”逐渐上升于众神之上，成为众神之长，它在夏商周时期被称为“天”“帝”“皇天”等。第三，在祖先崇拜上，有了以下变化：其一，从原始的祖先崇拜中发展出完备的宗庙祭祀制度，成为宗法制建立的前提；其二，祭祀祖先被赋予极高的地位，不祭祀祖先是大罪，商汤在起兵灭夏的属国葛时，用的罪名就是“不祭”，即不祭祖先；其三，祖先崇拜被赋予了政治色彩，成为君主权力的一种象征，祭祀祖先的权力成为统治者的特权，天子是天下的大宗，只有他才有权主持祖庙的祭祀仪式。而对祖先的祭祀也有了等级的限制，所谓天子七庙、诸侯五庙、大夫三庙等。

夏商时期的宗教信仰。在夏代，普通民众与神沟通的权力基本上被剥夺，而要由国家任命的专职祭司主持宗教活动。同时，也形成了至上神的观念，有了凌驾于众神之上的众神之长，称为“天”或“上帝”。而夏代的统治者则以“天”的代表自居，比如大禹征伐三苗集团、启征讨有扈氏时都称自己是“恭行天罚”，即代表天对三苗、有扈氏进行惩罚。夏代还继承原始宗教中的灵魂、鬼神崇拜和祖先崇拜。孔子曾赞赏大禹，说他自己吃粗劣的饮食而用精美的食物祭祀鬼神；平时穿粗陋的衣服而祭祀天时要穿上华美的衣服。这说明了大禹对鬼神和上天的崇拜。从河南偃师二里头夏文化遗址中发现的墓葬，绝大多数都是南北向、头向北方，这显然同灵魂崇拜有关。夏代还盛行占卜，用占卜的手段求助于鬼神，以卜兆决定吉凶。在二里头遗址发现用猪、牛、羊的骨胛骨制成的卜骨，上面还有灼痕。从夏代开始，祖先崇拜的祭祀被统治阶级所垄断，统治者把它作为维持等级制权威的一种手段，并逐渐从祖先崇拜中发展出完备的宗庙祭祀制度，成为宗法制的一部分。夏启在讨伐有扈氏时对将士们宣布说：遵从命令、努力作战的，将在祖庙里、在列祖列宗面前赏赐他。由此亦可见祖先崇拜之一斑。

到了商代，众神之长被称为“上帝”，而且有更大的权威，它不仅有支配自然界的能力，甲骨卜辞中常可见到“帝令雨”“帝不令雨”“帝令其风”的记载，而且还能主宰人间的祸福，包括战争的胜负、政权的兴衰甚至兴建土木、出行等日常事务，甲骨卜辞中常见有帝降祸、降饥馑、降大水的记载，发动战争时也要占卜问上帝允许不允许、保佑不保佑。此外，商代还保留了不少原始时代自然崇拜的遗存，甲骨卜辞中保存了不少商人祭祀日月星辰、风云雷雨、土地山川的记载。

祖先崇拜到了商代有了很大的发展，它在商朝人的生活中占有极其重要的地位。在商朝人的观念中，祖先神灵具有很大的威力与神通，他们既能够保佑商王和民众，也可以降下灾祸惩罚人。商王盘庚在迁都殷时遭到一部分人的反对，盘庚召集大家训话，他说：先王们为了臣民的利益多次迁都，如果你们不同意迁都，和我离心离德，先王就会对你们降下灾祸。你们的祖先死后也仍是我的祖先的奴仆，我的祖先会告诉你们的祖先，你们的祖先便会抛弃你们，并且会请我的祖先重重地降下灾祸惩罚你们。由盘庚的话我们可以看出，祖先在商朝人心目中有着崇高的地位。这一点从甲骨卜辞中也有反映，在甲骨卜辞中，关于祭祀祖先的卜辞远远超过其他类的卜辞，多达 1.5 万多条。而就祭祀时用的祭品看，祭祖时的祭品也是最隆重的，不仅用牛、羊、猪等牺牲，而且用人做牺牲，杀人祭祖。在河南安阳市西北冈商王大墓区发掘了 191 座葬坑，从其中所埋无头尸体、全躯人骨、人头、祭器等物，证明是商王祭祀祖先的公共祭场。一般一坑有十几具尸骨，而商王墓穴中一次可达数百人，最多的达 400 人。

商朝人极其迷信，对上帝、祖先和鬼神的崇拜，使其占卜之风极盛。商王和贵族几乎每日必卜、每事必卜，占卜十分繁盛。据统计，仅在殷墟一地发现的龟甲就达 16.3 万片。占卜所用的龟甲是南方贡纳的。所用卜骨则多为牛肩胛骨。在商代之前也有骨卜，但未发现龟甲，而且很简单，没有什么前期准备和复杂的仪式，用后随即丢掉。但到了商代，由于对鬼神的崇信和宗教作用的日益重要，占卜活动发展成为一个复杂的过程。首先是取龟，秋天的时候将龟从南方运来，秋天时万物长成，此时取龟，符合动物的自然生长规律；其次是衅龟和攻龟，衅龟是至来年春天举行仪式，杀牲用血祭龟，以增加龟的神性。祭祀之后，将龟杀死，进行加工，将龟甲反复刮削和打磨，使龟甲平整光滑，叫攻龟。再其次是钻龟和凿龟，整治好的龟甲要在庙堂之上进行钻凿，钻孔是圆的，烧灼时容易出现横纹；凿的是椭圆形，中间圆两头尖，烧灼时容易出现直线裂纹；钻孔、凿孔都不能钻、凿透，只是钻、凿出一个坑来。最后是命龟和灼龟。命龟就是占卜者在烧灼龟甲时一边祷祝，一边陈述所卜之事，然后再灼龟，灼龟用炭，将炭火置于龟甲背面的钻凿处，因此处较薄，烧灼后容易爆裂，在正面出现兆纹。占卜的“卜”就字形而言像烧灼龟甲时产生的裂纹，就读音而言像龟甲烧灼时发出的爆裂之声。灼完之后根据正面的兆纹来判断吉凶，然后将所要问的事项及其判断的结果刻在甲骨上，便是卜辞，并将之保存起来。过一段时间，事情的结果出来后再与当初的卜辞相对照，看是否正确、应验。不管正确与否，卜人要将这些情况刻在相关的卜辞后面，称为“验辞”。占卜的“占”，上为卜，下为口，意为对卜兆的解释或说明。而这些占卜用过的、刻有卜辞和验辞的甲骨最后要收藏起来，因为它们承负了上帝鬼神的旨意，不可随便丢弃。考古发掘殷墟时发现了一些储存甲骨的坑，在一个坑中竟发现了1.7万多片甲骨。

商朝人亦继承了灵魂崇拜，他们的先公先王近祖的宗庙群都建在王邑的左边即东面，所以墓葬大多也都是头向东面，这显然是一种灵魂崇拜。在殷墟的墓葬中发现，有的死者口中含着贝或蝉形的玉石，手中也握着贝或玉石制品，这也是一种灵魂崇拜。像口中含玉蝉，大概是因为蝉能蜕化更生，希望死者的灵魂也能再生。

2. 西周的思想与宗教

敬德保民思想与礼仪制度。庞大的、迷信鬼神自以为天命在身的商帝国最终却被自己的属国、地处西北的小邦国周推翻了。这样的事实不能不引起周朝人的反思，他们认识到不能完全依赖于天命、鬼神；另一方面，随着人们支配自然的能力的增强，又受西北地区莽莽苍苍的地理环境的影响，周朝人的自信心也远比商朝人要强。他们开始怀疑天命鬼神了，并由此提出了敬德保民思想。

当然，他们不可能完全摆脱天命、鬼神，统治者仍须依赖宗教来巩固统治。周王以天的元子自居，自称“天子”，宣称周代殷是出于天命，其天命观却有了变化。周朝人认为“天命靡常”，天命是可以转移的：夏受命于天，建立了夏朝，但后来失去了天命，而由受命于天的商取代；商后来又失去了天命，商命移周；由周秉承了天命。所以天命不是一味不变的，天命也是有选择的，“皇天无亲，唯德是辅”，上天只辅助有德之人。统治者为善便天下大治，统治者为恶则天下大乱，只有有德之君才能得到天命的眷顾。夏与商的亡国，都是由于夏桀与商纣的无德。所以周想要江山永固，便须“以德配天”，“敬德”“明德”。

“德”（古作“悳”）字从字面上解是从“直”从“心”，即指人们心灵的修养。周朝人的“敬德”“明德”包括以下内容：

第一，统治者要“明德修身”。要认真做事，谨慎自己的德行，应了解耕种收获的艰难，不可贪图安逸享乐。还要不断提高自身的道德修养水平，做出榜样，让老百姓效法。第二，统治者要“明德慎罚”。即要十分谨慎地使用刑罚，这是对商统治者滥施重刑导致众叛亲离的反思。刑只能作为德的辅助工具，使用刑罚的目的是教人改过，以利于教化。同时要依法量刑，不能凭个人的好恶。第三，要“敬德保民”。周代统治者把“保民”作为巩固政权的根本，他们认为夏商统治者最后都是因为不保民、爱民，所以失去了天的眷顾保护，以至亡国。他们认识到“民之所欲，天必从之”。君主要像天为万物父母一样做万民之父母，要了解百姓的痛苦，使他们能安居乐业、子孙繁盛，还要特别关心孤苦无依的弱者。这些思想已开后来的民本思想、人本主义之先河。

德的具体体现就是“礼”。荀子在说到礼的起源时说，礼是为了处理人与神、人与鬼、人与人之间这三大关系而制定出来的。礼字从繁体字“禮”看，是用祭器“豆”来盛食物，即祭祀鬼神之意。由此可知，礼最早源于祭祀神鬼祖先的仪式。至西周，周公加以增补发展和系统化，使之不仅用于祭神祀鬼，更用于协调人与人之间的关系。经周公整理制定的礼，后人整理为“三礼”，即《周礼》《仪礼》《礼记》，统称为《礼经》。大体上又可分为吉、凶、军、宾、嘉五礼。“吉礼”为五礼之冠，主要是对天地人鬼的祭礼、典礼，所涵盖的范围较广。如：天就包括昊天上帝、日月星辰、风师雨师等；地包括社稷、五帝（立春祭青帝、立夏祭赤帝、立秋前祭黄帝、立秋祭白帝、立冬祭黑帝）、五岳、山林川泽和四方万物的各种小神；人鬼指先王、先祖。“凶礼”即丧葬哀吊之礼，它的范围也广，不仅指死了人后的哀悼、埋葬、居丧等礼仪制度，还包括自然灾害后引起的饥馑、疫疠疾病、水火、地震、山崩、战败、寇乱等等的哀吊、处理善后等礼仪措施。“军礼”是军队操演征伐之礼，它包括出师前的祭祀、誓师，军中的刑赏、凯旋及论功行赏、天子对军队的检阅等。它还包括田猎之礼，古代的田猎是训练军队、检阅军队实力的一种方式。“宾礼”是接待宾客之礼，它包括诸侯对天子的朝觐、诸侯之间的聘问和会盟以及藩国和外邦朝贡等礼仪。“嘉礼”是协调人际关系、沟通联络感情的礼仪。它包括飨、燕、饮食之礼，婚冠之礼，贺庆之礼及射礼、投壶之礼等。飨在太庙举行，重在仪式不在饮食；燕即宴，在寝宫举行，可开怀畅饮；饮食之礼一般指宗族内合族宴饮。婚礼不言而喻。冠礼是男子二十而冠、女子十五而笄，即男子到二十岁、女子到十五岁时都要举行一定的仪式，表示成熟了、长大成人了。贺庆之礼指帝王即位、诞辰、节日庆贺等举行的表示祝贺、欢庆的仪式。射礼是习武之风的一种遗存，是射箭比赛、娱乐，射中有奖、不中要罚。投壶之礼由射礼演变而来，是往壶中投箭，亦是中有奖，不中要罚，娱乐性更强。

《周易》及其思想。商人盛行用龟骨占卜，而周人则主要用蓍草占卜，即筮占。筮占以八卦为基础，比之商人的龟卜是一大进步。龟卜只是探测神的意旨，把决定人事吉凶的原因归结为神的意旨，把占卜所用的道具看作是沟通神人关系的手段。同时卜辞也只是一些散漫的、无系统的感性材料，没有做进一步的加工整理，反映不出商代人的思想。而筮占及其筮辞则反映了对自然及社会的认识判断和推理，是从感性认识到理性认识的飞跃。《周易》就是筮占之书。

八卦和筮法在我国很早就有了。新石器时代出土的彩陶上就已有了八卦的符号，在传说中是上古三皇之一的伏羲发明了八卦，这些都说明了八卦源起之早。商代的甲骨卜辞中也有筮占的记载和八卦符号。司马迁在《史记》里说“文王拘而演《周易》”，即周文王在被商纣王囚禁期间，将八卦进行演化、完善，由八卦演化为六十四卦。而据专家考证，《周易》的“经”部分是在商周之际形成的，而“传”部分则是在春秋战国时期整理而成。

“经”是六十四卦的卦象、卦辞和爻辞。构成卦象的基本符号是“⚊”和“⚋”，称为“爻”，“⚊”称“阳爻”、“⚋”称“阴爻”，据说起源于占卜所用的蓍草之象形。把“⚊”和“⚋”叠列三层，可以形成八种组合形式，即八卦。其卦象是☰（乾）、☷（坤）、☳（震）、☴（巽）、☵（坎）、☲（离）、☶（艮）、☱（兑），每一卦代表一个基本事物：乾为天、坤为地、震为雷、巽为风、坎为水、离为火、艮为山、兑为泽。在此基础上还可进一步引申，比如乾既代表天，也可代表君主、父亲等。用八卦的卦象的两两重叠，就组成了六十四卦，比如乾卦在下、坤卦在上就组成泰卦（䷊），而反过来则成了否卦（䷋）。而每一个阳爻或阴爻各有不同的内容，合起来又构成一个完整的卦象，一个卦象有六爻，这样六十四卦里就包含了三百八十四爻。每一卦最下边的一爻称为“初爻”，顺而上推为二爻、三爻、四爻、五爻，最上的一爻称为“上爻”。在每一爻位上，如果是阳爻则称为“九”，阴爻则称为“六”，若以泰卦为例，则其六爻分别为初九、九二、九三、六四、六五、上六。每一卦下有卦辞、每一爻下有爻辞，用来解释图像、说明吉凶。

“传”是对“经”的解说和发挥，是战国时代汇总前人的观点成书的。“传”分十篇：《彖》上下、《象》上下、《系辞》上下、《文言》、《说卦》、《序卦》、《杂卦》，故又称“十翼”。

《周易》虽然是卜筮之书，但却充满了深邃博大的哲学思想，是我国上古时代哲人们智慧的结晶。先人们试图用最质朴、最基本的思想去探索、演示天与人、自然与社会的玄妙关系。它按六十四卦、三百八十四爻的体系编排成了一个系统，里面充满了矛盾、发展变化、相互转化等辩证思想。它所有的体系都是建立在阳爻（“—”）和阴爻（“--”）这一对相互矛盾又相互依存的基础上，由此演绎出千变万化，并包含很多哲理。比如泰卦，是吉卦，阴在上阳在下，阴气下降和阳气上升，有冲突故有生机，阴阳相向、刚柔交泰是为吉卦；而泰卦倒过来则成了不好的否卦，阳气上升、阴气下降，各走各的路、阴阳不合是为凶卦。但否卦到最后一爻“上九，倾否，先否后喜”。是说否运到了头而转为喜，所谓“否极泰来”了。再如乾卦，它用龙这种神物从地到天不断发展运动的过程，揭示了自然与社会中许多事物的本质与规律性的东西：“初九，潜龙勿用。”潜龙象征事物刚刚开始，新生的东西往往是柔弱的、不可急于发展，时机未到，须耐心等待，不可轻举妄动，所以“勿用”。“九二，见龙在田，利见大人。”

龙由潜隐而“见（现）”于野，象征事情已开始逐步发展了，从潜隐到发动，这是好事，但这时特别容易让人得意忘形、轻举妄动，以为好不容易等到发动了，可以大步向前了，或者松一口气，认为可以松懈一些了。这样，错误和危险也就降临了。所以“九三，君子终日乾乾，夕惕若，厉无咎”。这是告诉你，事物的发展面临曲折，你要小心谨慎，同时要勤勉努力、日夜坚持不可松懈，随时反省，这样虽然处境不利也不会有灾祸。“九四，或跃在渊，无咎。”龙跃入水，事物的发展得到了有利的条件，即将顺利发展。“九五，飞龙在天，利见大人。”借助有利条件，龙一飞冲天，翱翔云霄，达到完善和极致。“上九，亢龙有悔。”盛极必衰，物极必反，高飞在天的龙达到了顶点，也就隐藏着危机，故“有悔”。

此外，像“天行健，君子以自强不息”“君子以厚德载物”“君子以多识前言往行，以蓄其德”“无平不陂，无往不复”“履霜，坚冰至”等无不蕴涵隽永、意味深长。

《周易》对先秦诸子思想的形成影响极大，对后世更产生了极为深远的影响。

诸神与祖先崇拜。“天”仍然是周朝人观念中的众神之长，处独尊地位，有时又称为“昊天上帝”。祭天的礼仪是最隆重的，是周天子垄断的特权，祭天之仪被视为行使全国政权的象征。祭天主要有郊祀和封禅，郊祀每年一次，冬至日时在国都的南郊祭天。冬至日在中国北方是一年中昼最短的一天，也是阴极阳生、日影开始变长的第一天。祭天时要“封土为坛”，用土石砌成一个高出地面的圆形祭坛，以合“天圆地方”之说。祭天前，周天子要在宗庙举行隆重的占卜仪式，请示祖先神灵，然后要进入斋宫斋戒，以示敬诚。比郊祀更隆重的是封禅，由天子率大队人马前往泰山顶上筑坛祭天。在泰山封禅祭天路途遥远，劳民伤财，所以不常举行，一般要在改朝换代或有大功大德之帝王才封禅。泰山封禅据说从舜开始。

除了祭天外，次之就是社祭，即对土地的祭祀，它又和祭祀谷神（稷）联系在一起，故又称“社稷”。社祭从原始时代后期到夏商时代都有，但没有特别重要的地位。到西周时期，社神的地位得到了很大提高，社神和国家政权联系在一起，社稷成为国家的代称。周武王在伐纣灭商的第二天就祭祀了社神，可见周人对社神的重视。祭社神在夏至日至王都北郊方泽祭祀。

除了天地外，周人所祭祀的神灵还有日、月、星辰、四时、风师雨师、山川、水旱等等。周人的神灵系统已经打上了分封制与宗法制的烙印，不同等级的人有不同等级的祭祀规格，如果超过了规格，祭祀了不属于本等级的神灵，那么神灵就不会赐福，这种祭祀被称为“淫祀”。

周人的祖先崇拜比之商代发生了很大的变化，更突出英雄崇拜的意义，更具人文色彩，将祖先神性道德化。主要祭祀那些在宗族发展史上有大功大德的人，其原则是：

（一）有功于民的；（二）为公务而死的；（三）有安邦定国功劳的；（四）为大众防止灾害的；（五）保卫民众不使受苦的。《诗经·周颂》是周人在宗庙里祭祀祖先唱的颂歌，里面大多是怀念、颂扬祖先功绩的，那是希望通过颂扬祖先的功绩而激励后人。周人每逢有重大活动或重要节气都要祭祀祖先。

周人的祖先崇拜与分封制、宗法制紧密结合，比如在立庙制度上，设庙数量的多少，要依社会等级的高低而不同，天子可立七庙、诸侯五庙、大夫三庙、士二庙，平民则一座庙也没有，只能在家祭祀祖先。立庙制度起了区别宗法和身份等级的作用。

祭祖制度，在团结宗族、稳定社会方面发挥了重要作用。

三、春秋战国时期的思想与宗教

1. 先秦诸子的思想

（1）儒家思想

春秋战国时期，天下大乱，旧的制度、旧的秩序土崩瓦解，新的势力、新的阶级的兴起不仅带来了新的政治经济法律制度，而且也给思想文化领域带来了新的气象和生机，形成了诸子百家学派。

诸子学派的形成，始于春秋晚期。孔子首开私人讲学之风，并创立了儒家学派。随后，墨家学派和道家学派相继形成，这三家学派的出现，揭开了百家争鸣的帷幕。战国时代，除了儒、墨、道外，还有法家、阴阳家、兵家、名家、农家、纵横家、杂家、小说家等，而且各学派内部又分不同的派别。如儒家在孔子死后分为八派，墨家后来也分为三派等。这批人各自登台亮相，各持己说，呈现出百家争鸣的盛况。

孔子及其思想。孔子（前551—前479），名丘，字仲尼，春秋末鲁国陬邑（今山东曲阜）人。孔子的远祖为商代贵族的后裔，祖上为宋国的贵族，春秋初年因政治斗争失败从宋国逃到鲁国。至孔子出世时，家道已衰落。孔子刚出生不久，父亲就去世了。家境贫困，孔子早年做过看管仓库的“委吏”和管理畜牧的“乘田”。三十岁以后开始收徒讲学，五十岁左右开始参政，先做鲁国的中都宰（鲁国都城的长官），随后升为司空（管理工程建设）、司寇（管理刑狱、纠察），有可能还代理过一段时间的相国。但至五十五岁时受排挤，于是率弟子周游列国十四年，至六十八岁时才返回鲁国，专心从事文化教育事业。回鲁不久，他的唯一的儿子孔鲤死了，老年丧子让孔子十分伤心。不几年，最得意的弟子颜渊又去世，孔子伤心悲痛之极，连连说：天灭我！天灭我！死前一年，鲁国的执政叔孙氏狩猎时获得一怪兽，无人认识，请孔子去认，孔子一看大惊说：这是麒麟啊！因为历来认为麒麟是盛世的祥兆和圣贤出世的象征，现在却被打死了。所以孔子感叹说：我的主张行不通了，我是穷途末日了。没有人了解我啊！弟子子贡问他：怎么说没人了解你呢？孔子回答说：不怨天，不尤人，了解我的大概只有上天了。第二年孔子就去世了，年七十三岁。

孔子自称“述而不作”，即只讲述而不著作，所以生前只整理修订了古代的典籍《尚书》、《周易》、《诗》、《周礼》、《乐记》与鲁国的编年体史书《春秋》，作为教科书。这些书因孔子的整理而成为儒家的经典，故都称为“经”。此外就无著述了。其弟子门人将他的言行整理为《论语》一书，成为我们研究孔子思想的重要材料。

孔子出生在鲁国，鲁国作为周礼制作者周公的封地，被特许世代具有使用天子礼仪的权利，保存了一整套完整的礼仪制度。周王室东迁以后，原有的礼器丧失很多，礼仪反不如鲁国，所以有“周礼尽在鲁矣”之说。这种文化环境对孔子的成长产生了很大的影响。孔子除了精通各种礼仪制度外，还努力学习各种历史文化知识，博学多识，并关心国家政治和百姓生活。孔子生逢春秋末年的乱世，诸侯混战、民不聊生，他对社会抱有强烈的忧患意识和历史责任感，他希望国家安定、百姓富庶。为了实现救国抱负，他提出了以“仁”和“礼”为中心的一套哲学思想。

孔子思想的核心是“仁”，仁者从“人”从“二”，两个人，即指人与人之间的关系。孔子认为要治理好社会，首先必须协调好人与人之间的关系，人与人之间的关系和谐了，才能调整好整个社会的关系。那么人与人之间的关系应是怎样的呢？孔子提出“仁者爱人”，即人与人之间要互相友爱。体现在社会伦理上，则是“忠恕孝悌为仁”。“忠”表现在两个方面，一是臣下事君要忠，下对上要忠；一是为人谋事要忠。“恕”就是用自己的心推想别人的心，“己所不欲，勿施于人”，孔子很重视恕，他的弟子子贡曾经问他说：有没有一句话可以终身遵行的？孔子说：有啊，就是恕啊，己所不欲，勿施于人。“孝”就是对父母、长辈要孝敬。“悌”就是做弟弟的要顺从兄弟，这是和宗法制的嫡长子继承制相一致的。“仁”体现在政治思想上就是“礼”了，“克己复礼为仁”，即要克制自己，使自己的行为符合礼的规范，非礼勿视，非礼勿听，非礼勿言，非礼勿动。这是对个人而言，扩大到整个社会，要恢复周礼，就必须“正名”，孔子说：“名不正则言不顺，言不顺则事不成。”什么是“正名”呢？就是要恢复“君君、臣臣、父父、子子”，恢复上下有序的等级制度。孔子认为，社会之所以动乱，是因为人们不安于本名，追求超越自己等级的东西，只有各安自己的等级名分，社会才不会乱，才能稳定。

因为主张“仁者爱人”，所以孔子也反对苛政。他认为统治者治国不能单靠“刑”，还要借助于“德”，以德治国，才能使人心归服。孔子经过泰山时，听到有一个妇女在伤心地哭泣，问她为什么哭泣，妇女回答说她的丈夫、儿子都被老虎吃掉了。孔子问她为什么不搬家，搬走不就好了。妇女说：这里没有凶狠的官吏的压迫。孔子于是感叹说：苛政猛于虎啊！

孔子在宗教观上是信天命而疑鬼神。在天人关系上，孔子承认主宰的天的存在，他说：“获罪于天，无所祷也。”如果得罪了天，那么连祈祷都没地方祈祷了。他又认为死生有命，富贵在天，人在天命面前是无能为力的。但在孔子的“天”的概念中，自然属性更多些、更抽象一些，他认为天的作用范围是有限的，它虽能决定人的生死富贵，但在修身、为政方面，自我努力是起决定作用的。

因为承认天的存在，所以孔子也主张要进行宗教祭祀活动，并主张要严格按周礼举行宗教仪式。但他强调祭祀祖先不是向鬼神祈福消灾，而是为了表达子孙思亲之情。

孔子对鬼神采取怀疑的态度，敬而远之。他的弟子季路问他事鬼神的问题，他回答说：“未能事人，焉能事鬼?”又问他死的问题，他说：“未知生，焉知死?”孔子要求人们与鬼神保持一定距离，用一种冷静的、理智的态度去思考宗教的社会作用，以便合理地加以利用，这一点给后世很大影响。

孔子还是中国教育事业的祖师爷。他首倡了私人办学的风气，从三十来岁到去世，他大半生都在从事教学，并提出了一套教学理论和方法，他的教育思想对后世影响至深。孔子认为，人性本来相近，只是因为后天学习的不同而相远了，即所谓“性相近，习相远”。他主张每一个人都有受教育的权力，“有教无类”，即不论富贵贫贱、不论种族等级，只要愿意学习他都收。他要求弟子首先要学习做人，要注重道德修养，做一个讲道德品质的人，“见贤思齐焉，见不贤而内自省也”；其次才是学习文化知识。在教学上，孔子主张首先要调动学生的积极主动性，激发学生的学习兴趣，他说：“知之者不如好之者，好之者不如乐之者”。其次，要启发式教学，他说：“不愤不启，不悱不发。举一隅不以三隅反，则不复也。”意思是：不到学生极想弄明白而又不明白的时候，不去点拨他；不到学生极想表达又表达不出来的时候，不去启发他。教给他一点而不能推知其他几点，即不能举一反三的学生，就不再每一点都教他。第三，要“因材施教”，对不同的对象要施以不同的教育方法；有时即使同一个问题因不同的人提出，也要有针对性地做出不同的回答。在学习方法上，孔子主张学习与复习、学习与思考要相结合。要通过复习来巩固学过的知识，“学而时习之，不亦说乎”。“温故而知新”；学习与思考要相结合，“学而不思则罔，思而不学则殆”。在学习态度上，孔子主张要老老实实，“知之为知之，不知为不知，是知也”。要“不耻下问”，“三人行必有我师焉。择其善者而从之，其不善者而改之”。不凭主观臆测、不武断、不固执己见、不自以为是，即“毋意、毋必、毋固、毋我”。还要知过能改，“过而不改，是谓过矣”。

孟子及其思想。孟子（约前372—前289），名轲，邹（今山东邹县）人，为鲁国孟孙氏的后裔。孟孙氏衰微后，其祖先从鲁迁至邹。孟子是孔子学说的继承发展者，曾受业于孔子的孙子子思的门人，以孔子的继承人自居。中年以后，曾历时二十多年，游历齐、宋、滕、魏、鲁等国，推行自己的主张，结果亦不得志。晚年，退居与弟子万章等著述《孟子》一书。

孟子生活的时代，正是各国纷纷变法图强、争雄天下的时代。这一时期，相继发生了楚国的吴起变法、秦国商鞅变法、齐魏桂陵之战、马陵之战和各国的合纵连横活动，烽烟四起、战火连绵。孟子却继承了孔子“仁”的思想，要求统治者施行“仁政”，自然是处处碰壁。滕国的国君刚死，儿子继位，为滕文公，向孟子请教：该做什么？孟子说应该先服三年丧，这期间不饮酒作乐、不参加任何社交活动，不理朝政，穿粗衣盖粗被一心守丧。这在当时的形势下显然是不可能的。孟子到魏国，魏惠王问说：您老人家不远千里而来，有什么利于我们国家的吗？孟子说：大王何必言利，只要说仁义就可以了。大王说怎么利于我的国家，大臣说怎么利于我的家族，平民说怎么利我自己，上上下下都争夺利，你的王国就危险了。如果大家都只讲仁义、不讲功利，天下就太平了。魏惠王当然不听他这一套。

春秋末期，孔子提出了“仁”的学说，发挥了西周以来“敬德保民”的思想，提倡德政。到战国时代，孟子对孔子“仁”及“德政”的思想加以发展，形成更为完整系统的“仁政”学说。孟子认为要解决当前的社会问题，必须施“仁政”、行“王道”。孟子给我们勾勒了一幅治世的理想图画：施仁政于民，省刑罚、薄税敛、尊贤使能，使少有所养、老有所归。每家有五亩之宅、百亩之田，老者衣帛食肉，黎民不饥不寒，这就是仁政、王道了。谁能行王道，谁就可以一统天下，做天下共主。而统治者要仁政、王道，就必须得民心，“政在得民”。孟子说：“天时不如地利，地利不如人和。”“人和”就是要争取民心的归向。又说：“得道者多助，失道者寡助。”得道失道的标志，就是看是行仁政还是暴政，得民心者多助，失民心者寡助，所以他说：“桀、纣之失天下也，失其民也；失其民者，失其心也。”在此基础上，孟子提出了“民贵君轻”的思想：“民为贵，社稷次之，君为轻。”社稷和君主都是会变换的，只有人民是永远不变的。孟子认为那些残暴独行、不得民心的暴君不能算是君主，充其量只是个“独夫”，而人民起来杀死这样的暴君也只是杀了一个“独夫”而已。

孟子还主张人性本善，他认为人生来有“四端”，即有恻隐之心、羞恶之心、恭敬之心、是非之心。这“四端”加以发展就是仁、义、礼、智。统治者若将其恻隐之心推而广之，就是行仁政了。

从上述内容我们可以看出孟子的伟大。他生逢乱世，因而他的一套思想与主张显得似乎不太适宜，但他已经超越了他的时代，孟子提出的治世的远大理想，一直是秦汉以后人们孜孜追求的。而他的“暴君是独夫”的观点，一直到两千余年后还让独断专制的明太祖朱元璋恼怒异常，下令删改《孟子》一书，并把孟子的塑像从庙堂中搬出来。

在宗教观上，孟子也继承了孔子的思想，他肯定天神的存在，认为天决定社会的治乱、国家的兴衰及个人事业的成败。社会的治乱是上天早已安排好的，而其间有英雄出来救世也是上天有意的安排：“五百年必有王者兴。”所以“顺天者存，逆天者亡”。对当时社会上各种宗教、祭祀活动他也予以肯定，认为有利于教化民众、推行仁政。但他也对天命的作用范围作了限制，他认为天虽然可以决定人的生死寿夭、富贵贫贱，但作为君子却不能消极、被动地等待命运，而应积极进取，即要“尽人事而听天命”。这种观点对后世的影响至深。

孟子比孔子更进一步的发展，是他把孔子说的天命作为外在的“义理之天”变成了人内在的“义理之天”。他认为人性中的仁、义、礼、智，这“四端”不是后天学习的结果，而是人还未出生就由上天赋予了。孟子让天意与人在心中实现了沟通，过去通过宗教从外部强加给民众的社会伦理原则，现在被解释成了人心中固有的东西。同时，人心即是天意，通过对人心的自我反省便可把握天命。孟子说："尽其心者，知其性也；知其性，则知天矣。"在这里实现了"天人合一"。

孟子将孔子的思想进一步发扬光大，形成了儒家思想。儒家思想以"仁义"为核心，主张人与人之间要相互和睦友爱，主张统治者要行仁政，以德治国，自有一股正大之气。以后，儒家思想又经荀子、董仲舒等人不断补充、完善，自汉代开始，成为中国社会的主流思想，历经几千年而不衰。

荀子及其思想。荀子（约前313—前238），名况，又称荀卿。赵国人，战国时期著名的思想家、教育家，韩非、李斯都是他的学生。早年游历各国，年轻时曾到齐国稷下游学，后又先后游历了秦、楚、赵等国，晚年在楚国任兰陵（今山东苍山县兰陵镇）令，罢官后定居兰陵，从事著述，死葬兰陵。现存《荀子》三十二篇，除《大略》《宥坐》《子道》《法行》《哀公》《尧问》等六篇系其弟子记述外，其他大致可信是为荀子本人著作。

荀子的思想是在继承了儒家思想的基础上又吸收了其他各派的观点，如道、法、墨、名各家，特别是道家与法家思想，对儒家思想进行了改造和充实。

荀子把实行“王道”作为自己的志愿与理想，“王道”的内容就是实行礼义、仁政。他把“礼”作为其政治思想的核心，要求统治者大力推行礼治。他认为礼是社会的纲纪，是“道德之极”“人道之极”。主张以德服人，“以德兼人者王，以力兼人者弱”。主张要“凝民”，即要争取民心的归向，他发展了儒家的“德治”“仁政”学说，引用古人的话说：“君者，舟也；庶人者，水也。水则载舟，水则覆舟。”统治者和人民的关系就好像舟和水的关系，水可以承载舟，也可以倾覆舟。这是非常深刻的认识。荀子又吸取了法家思想，十分重法，他认为法是礼的组成部分，对老百姓一方面要进行礼的教育，另一方面又要施之以刑罚。

荀子也不赞同儒家的“法先王”，而主张“法后王”，即仿效近世君主。他到秦国，看到商鞅变法后富强的秦国，大为称赞，认为秦国是有能力统一天下的国家，称赞它国势强盛，吏治廉明，办事效率高，是“治之至”也。

荀子还主张中央集权，强调不但要政治上统一，思想上也要统一。他还认为兼并统一容易，但要保持巩固却难。秦在统一六国后很快灭亡，证明了荀子的远见卓识。

荀子在人性论上也与孟子的“性善论”相反，主张“性恶论”，认为“人之性恶”。人生来就有各种欲望，得不到满足就要争斗。所以他特别重视客观环境的影响，重视后天的教育，强调后天学习的重要性。作为一个伟大的学者，荀子对学习有许多精辟的见解，比如他认为学习要脚踏实地，“故不积跬步，无以至千里；不积小流，无以成江海”。要刻苦、有恒心，只有坚持不懈，才能获得成功，“锲而舍之，朽木不折；锲而不舍，金石可镂”。他认为只要不懈努力，后来者可以居上，“学不可以已。青，取之于蓝，而青于蓝；冰，水为之，而寒于水”。

孔、孟都信天命而疑鬼神，荀子却否认有天命和鬼神的存在，是个唯物论和无神论者。他认为天是一种自然存在，是没有意志的，天的运行自有其规律，不以人的意志为转移，与社会人事毫无关系，“天行有常，不为尧存，不为桀亡”。社会的治与乱与天毫无关系，大禹和夏桀时的天是一样的，但“禹以治，桀以乱”。对于自然界的一些怪异现象，荀子认为只是自然运行变化中的一些罕见现象，可以见怪，但没必要恐惧害怕。荀子还明确否认了鬼神的存在，他认为信鬼神的都是“以疑决疑”的“世之愚者”。他讲了一个故事以证明：有一个人在有月亮的夜晚独自行走，因为胆小、迷信鬼神，精神恍惚，低头看到自己的影子以为是鬼趴在那里，抬头看到自己的头发又以为是鬼魅站在那里，结果最后吓死了，荀子说：“岂不哀哉？”

荀子在否定天命鬼神的基础上，还进一步提出了“制天命而用之”的思想。他认为人对自然不是无能为力的，人可以通过主观努力去改造自然，“从天而颂之，孰与制天命而用之”。人可以役使万物，让大自然为人类服务。生活在战国后期的荀子已经看到了统一的曙光，对社会的前途与命运充满信心与希望，所以他的观点代表了当时新兴阶级生气勃勃、充满自信的进取精神。但我们应当认识到，在荀子的时代，生产力尚不很发达，科学技术也不发达，人类对自身和自然的认识尚处在初级阶段，所以从当时的时代来说，荀子有这样的认识是难能可贵的。

荀子在战国末期批判地继承了诸子学说的合理因素，发展了儒学思想。他的思想对后世产生了极其深远的影响，以至近代学者谭嗣同说：“二千年之学，皆荀学也。”

（2）道家思想

老子及其思想。在中国历史上，老子是个神秘的人物。他是谁？是什么时候的人？早在汉代就不太清楚了。他可能叫李耳，又称老聃。据说孔子曾向他问过礼，那么他应该比孔子大一些。又说他是楚人，曾做过周王室的守藏吏，专门管理图书档案。他流传下来的唯一的一本著作《老子》，又称《道德经》，据说是他西去路过函谷关时，守关的关令尹喜知道他即将隐去请他写下来的。后来又有人考证说是他的门人追忆其遗说、由战国时楚人环渊整理而成的。可就是这本书后来也出了点问题，1973 年长沙马王堆汉墓出土了帛书《老子》，书名和我们熟知的、流传了几千年的《道德经》正好相反，叫《德道经》。

老子对当时社会的混乱、无休止的战争、人们欲望无限制的膨胀、你死我活的争权夺利以至争雄称霸，感到深深的厌恶、无奈和绝望。他试图体察天道，从自然中寻求人生与社会的真谛，寻求一种内心的宁静。他叩问天意，化入自然，形成了以“道”为核心的思想体系。当然，就是这个思想体系也不是他有意提出的，而是后人整理出来的。因为有意地向世人提出和宣扬一种主张也不是他的作为。

这个“道”是什么呢？《老子》里是这样描述的：“有物混成，先天地生，寂兮寥兮，独立而不改，周行而不殆，可以为天下母。吾不知其名，字之曰道。”这个道听起来是一种最根本的存在，是构成万物的原始材料，因为它可以为天下母，所以天下万物都是从“道”中派生出来的，“道生一，一生二，二生三，三生万物”。在政治思想上，针对当时人欲横流、统治者唯恐天下不乱的情形，老子主张要“无为而治”，即顺其自然，“人法地，地法天，天法道，道法自然”。道的性质是自然无为的，人道取法于天道，也应自然无为，由无为而达到无不为。老子认为当时的人道是背离了天道的：“天之道损有余而补不足，人之道则不然，损不足以奉有余。”所以老子要求统治者不要挖空心思想着怎么有为，要“不尚贤，使民不争；不贵难得之货，使民不为盗；不见可欲，使民心不乱”。如果统治者老想满足自己的欲望压榨人民，把人民逼上绝路，是不会有好结果的，“民不畏死，奈何以死惧之？”老子认为造成当时社会争乱的原因是人们的欲望太强了，所以他主张使人们“无知无欲”，主张让人类社会返璞归真、回归自然，回到以前的原始状态。为此，老子给我们描绘了一幅著名的“小国寡民”图：“小国寡民，使有什佰人之器而不用，使民重死而不远徙。虽有舟车，无所乘之，虽有甲兵，无所陈之。使人复结绳而用之。甘其食，美其服，乐其俗，安其居。邻国相望，鸡犬之声相闻，民至老死不相往来。”这是对当时文明进化所带来的一系列负面影响的一种反省，是对人性的自由解放和回归自然的一种向往。

同其回归自然的思想相适应，老子还首次提出了以直觉认识世界的方法，他认为应排除外界的干扰、拒绝外界的诱惑，坐省内心，用直觉来体验、认识这个世界。

老子的思想中充满了为人称道的辩证法。作为一个博览群书、熟悉历史的学者，作为一个时代冷静的旁观者、一个默默思索的思想者，老子看到了历代的兴衰成败，看到了春秋时代社会的急剧变化：显赫的君王转眼成了阶下囚，贵族流浪街头，贫民骤成显贵；昨日尚生，今日已死；繁华的都市变成了废墟，废墟上又建立起新的都市……一切都在变化，许多还可以互相转化，“祸兮福之所倚，福兮祸之所伏”。事物的存在都是相互依存的：“有无相生，难易相成，长短相较，高下相倾，音声相和，前后相随。”同其无为的思想相应，老子认为柔弱胜刚强，他看到了大自然中，当生命处于幼小柔弱时充满生机、可以不断地发展壮大；相反，等到成熟壮大了，反而接近死亡，“物壮则老，是谓不道，不道早已”。刚强易折，柔弱易存。他举例说人身上牙齿最刚硬、舌头最柔软，但人上了年纪，往往牙齿先掉，而舌头却安然无恙。他又说天下最柔弱的莫过于水，但天下又没有比水更厉害的东西，滚滚洪水可以冲垮一切、把一切席卷而去：“天下莫柔弱于水，而攻坚强者莫之能先。”正是因为事物是辩证的、可以转化的，所以有时为了达到一个目的不妨暂时做一定退让，以柔胜刚、以退为进，“将欲弱之，必固强之；将欲废之，必固兴之；将欲夺之，必固与之”。这已是极高明的辩证法了。

*庄子及其思想。*庄子（约前369—前286），名周，战国时宋国蒙（今河南商丘东北）人，出身于没落的贵族之家。家境贫寒，曾做过蒙地方的漆园吏，打过草鞋，经常吃了上顿没下顿，饿得面黄肌瘦，穿着补了又补的衣服，脚上拖着用麻绳绑着的破鞋子，却博览群书、学识渊博，并对功名利禄表示高度的轻蔑。据说楚威王听说庄子很有才学，派人请他去做官。庄子正在垂钓，他问楚王的使者：听说你们的楚国有一只神龟，死后被供奉在庙堂上让人膜拜。你说这只龟宁愿死后被供奉在那里享受尊贵呢，还是愿意活着拖曳着尾巴在泥水中爬来爬去？使者想了想说，还是活着拖着尾巴在泥水中好。庄子说：对啊，你赶

快走吧，我愿意活着曳尾于泥中。表示不愿受功名利禄的束缚而失去人生的自由。现存《庄子》一书共三十三篇。

庄子将老子的“道”加以进一步的发展，认为万物为一气之化，都是气的聚散变化所致，“通天下一气耳”。而道则是万物产生、存在和气的变化的根据，它存在于一切事物之中。因为万物一体，因而人也是自然的一部分，“天地与我并生，而万物与我为一”。他追求一种个人的精神自由，最高境界就是感受不到自己的存在，彻底忘掉一切客观事物、一切知识，与天地万物浑然一体，从而获得绝对的精神自由。庄子在《逍遥游》中举例说，北海有叫鲲的鱼，非常巨大，有几千里长，它化而为鸟叫鹏，鹏的背也有几千里。大鹏飞动时，“水击三千里，抟扶摇而上者九万里”，但这还不算是逍遥游，因为大鹏的高飞还要借助于长翼和大风，而真正的逍遥游是“无待”的，即不依赖任何条件就可以在天地间尽情地遨游。要做到这一点，就必须对人生、社会的一切都不感兴趣，把权力看成赃物，把仁义看成刑具，把圣哲看成家奴，把人们的争权夺利看成是猪身上的虱子争吃肥肉瘦肉一样。

在社会政治思想上，庄子继承了老子的思想，老子说：“夫礼者，忠信之薄而乱之首。”认为礼是一切堕落、动乱的祸根，庄子则进一步指出：等级宗法制度是对人性的歪曲和异化。主张回归原始，返回原始时代，只有这样，社会才会安定、人性才能回归：“绝圣弃智，大盗乃止”，“掊斗折衡，而民不争”。认为文明是万恶之源。

庄子又将老子的辩证法引向了相对主义。老子认为对立面双方可以互相转化，庄子则认为对立的双方根本就没有什么绝对的界限，是与非、好与坏都没有什么客观标准，而是由认识者的主观意识决定的。他举例说：人、泥鳅、猿猴各有自己的住处，人要住到泥鳅的住处会潮湿生病；住到猿猴的住处则提心吊胆、恐惧不安；但泥鳅和猿猴则认为自己的住处最好。人和动物都觉得自己吃的是美味，要互相换食则难以下咽。人中的美女，人说漂亮，但鱼儿看见美女来了害怕得避入水中，鸟儿看见则吓得远飞而去。每一个认识主体都有自己的标准，都依照自己的标准进行判断，无所谓好坏、美丑。所以庄子说“天下莫大于秋毫之末，而泰山为小”。庄子还认为：人在做梦的时候总认为不是梦，是真实的、觉醒的，到醒来才知道是梦。但又怎么知道觉醒的时候不仍旧是梦呢？人的一切认识都不过是一场梦，不但梦是梦，觉时也是梦，梦时也是觉，梦不比觉虚幻，觉也不比梦实在。只有到大觉时才知道，前此乃是大梦一场。所以庄子说，有一次他做梦变成了蝴蝶，翩翩起舞，以为自己就是蝴蝶了，醒来后又觉得自己是庄周了。所以庄子说，站在庄周的立场上说是庄周梦为蝴蝶了，但站在蝴蝶的立场上说就是蝴蝶梦为庄周了。

老子的学说经庄子的发展形成道家学说。他们对当时的时代无奈绝望，所以充满消极乃至有一些颓废。但他们抛弃了“先王”“圣哲”“仁义礼乐”等观念，解除了思想束缚，对人们思路的开拓、思想的解放有积极意义。更重要的是他们崇尚自然、对人类文明进程中的负面影响进行了反省。老庄向我们提出了这样一个至关重要而极为深邃的问题：什么是人类的文明？我们究竟需要一个什么样的文明？有时候看起来人类是进步了、发展了、文明了，但由此可能付出的代价更大，甚至有可能最终毁灭了人类本身。如果是这样的话，还真不如回归自然、返璞归真、回归到原始时代更好！

孔孟的儒家思想与老庄的道家思想总的来说一个入世、一个出世，它们对中国社会及以后的历代知识分子产生了极为深远的影响，是中国古代影响最大的两种思想。

（3）墨子与墨家思想

在战国时代，还出现了这样一个人：他既是思想家、学者，学识渊博，他创立的学派称为“显学”；同时他又是一位能工巧匠，亲自参加劳动，跻身于下层之中，一生见义勇为、劳身苦志以救天下。他就是墨子，他创立的学派被称为墨家。

墨子（约前468—前376），名翟，相传原为宋国人，后长期住在鲁国，是手工业者出身的士。他不仅是个思想家，还是个能制造多种器械的能工巧匠。据说早年曾学习儒家学说，后来觉得儒家学说不适于一般的人民大众，于是弃之，创立了墨家学派。墨家和儒家在当时都十分盛行，被称为“儒墨显学”。传世有《墨子》一书，由其门人整理而成。

墨子的思想主要表现为“兼爱”“非攻”“尚贤”“尚同”“节用”“节葬”“非乐”“非命”“天志”“明鬼”十大主张。

“兼爱”是墨子的中心思想，是一种原始的平等思想。他认为天下大乱、国与国之间相攻伐、人与人之间相争斗，都是因为“不相爱”。人与人要“兼相爱交相利”，即只有相互爱护帮助，才能互相得利；要做到“有力者疾以助人，有财者勉以分人，有道者劝以教人”。墨子的“兼爱”思想和儒家的“仁义”有很大区别，孔子虽然说“仁者爱人”，却强调要维持宗法等级制，而墨子却讲普遍的平等，兼爱是平等互利的：“夫爱人者，人必从而爱之；利人者，人必从而利之。”

“非攻”就是反对战争，人与人之间要“兼爱”，自然就不能互相攻伐。生活在战国时代的墨子，坚决反对当时以大攻小、以强凌弱的兼并战争。一次，他听说公输班（即鲁班）在楚国帮助楚王制造攻城的云梯，准备攻打宋国。于是就从鲁国赶往楚国，走了十天十夜，脚上的茧子起了好几重，衣裳也破烂不堪，赶到楚国见楚惠王，陈说楚攻宋是以大攻小，是不义之战，并在楚王面前同公输班较量城池的攻防之术，公输班九变攻城之术，墨子九次拒之，并说自己的弟子三百人已经守在宋国城上等待楚军了。这样终于使楚国取消了攻宋的战争。

“尚贤”就是要求国君不分等级、不论出身，举贤任能。“尚同”是在“尚贤”的前提下要求人们与统治者保持一致，同是非，“上之所是必皆是之，所非必皆非之”，逐级逐层地统一思想，最后使“天下之百姓，皆上同于天子”。反映了老百姓希望有一个政令统一的中央政权，这样社会才能安定。

“节用”“节葬”“非乐”是反对统治者、贵族的奢侈腐化，提倡节俭，墨子认为“俭节则昌，淫佚则亡”。反对厚葬，主张节葬。同时，墨子认为音乐、舞蹈等都属于奢侈享乐的东西，所以主张“非乐”。

“非命”是反对命定论，认为“官无常贵，民无终贱”。但墨子主张尊天，认为天是有意志的，即“天志”，天能赏善罚恶。同时他又“明鬼”，即认为鬼神是存在的，主张“事鬼”，认为鬼神爱憎分明且极其灵验，是明智之鬼神。

在认识论上，墨子提出了“三表法”作为判断是非真假的标准，“表”即标志、标准。第一表是“上本之于古者圣王之事”，即要根据以前帝王统治的经验，也就是借鉴历史的经验；第二表是“原察百姓耳目之实”，即根据当前百姓群众的感觉与经验；第三表是“发以为刑政，观其中国家百姓人民之利”，即根据上两个标准制定刑政，然后观察它符合不符合国家人民的利益。

墨子创立了墨家学派，有弟子数百人，多半来自社会的下层，结成为严密的团体，具有严格的组织纪律，还带有宗教色彩。首领叫巨子，由上一代指定，代代相传。团体的成员要对巨子有以死尽忠的精神，还要有舍命行道的精神。墨子要求弟子“背禄而向义”，不贪功名利禄，轻禄重义。墨家成员生活刻苦，互相之间有经济上的互助义务，做了官也须忠实墨家主张、遵守组织纪律，要将俸禄的一部分交给团体。墨子之后，曾发生了这样一件事：有一个巨子的儿子在秦国杀了人，秦王对这个巨子说：你已年老，只此一子，所以我已赦免了他。巨子说：墨者之法规定，杀人者死，伤人者刑。大王虽有好意，但我不可不行墨者之法。他还是把儿子处死了。可见其纪律之严明。

（4）韩非与法家思想

法家思想始于春秋时代，春秋初的政治家管仲开其源。进入战国时代，各国纷纷变法图强，法家思想正好适应了新兴阶级的需要，因此，一批法家思想代表人物纷纷登上各国的变法舞台，如李悝、吴起、商鞅、申不害等。这些人主要是以政治改革家的身份出现，他们的主要贡献是改革了社会的政治经济制度，并取得了显著的成效，推动了历史的进程，“秦用商君，富国强兵；楚、魏用吴起，战胜弱敌；齐威王、宣王用孙子、田忌之徒，而诸侯东面朝齐”。而到战国后期，新兴阶级的变法运动相继完成，诸侯兼并战争更加激烈，国家统一的局面即将出现，于是在这种时代背景下，一种适应新形势的法家理论——专制主义中央集权的理论出现了，其代表人物就是韩非。韩非是先秦法家思想的集大成者和杰出的代表人物。

韩非（约前280—前233），战国时韩国人，出身韩国的没落贵族，曾与李斯同为荀子的学生。韩非口吃讷于言，但文章写得极好，思维敏锐、锋芒锐利、议论透辟。他看到当时的韩国日益衰败，就上书韩王，劝谏他变法图强、富国强兵，但不被采纳，于是退而著书立说。其学说传到秦国，秦王政当时正准备一统天下，需要一整套专制集权的统治理论，看到韩非的著作后十分赞赏，说："嗟乎，寡人得见此人与之游，死不恨矣！"于是起兵攻韩，迫韩国交出韩非。前233年，韩非到秦，秦王政大喜，与韩非日夜交谈。韩非的同学李斯这时在秦国已受到秦王政的重用，他怕韩非受重用，危及他的地位，于是进谗言说韩非为韩人，终是为韩而不会为秦的，于是韩非下狱，李斯乘机送毒药迫使韩非自杀。但韩非虽死，秦在统一全国前后的重大政治措施却基本上是按韩非的理论来制定的。

韩非是先秦法家的集大成者，他继承和发展了前期法家思想，建立了以法治为主的法、术、势相结合的专制主义中央集权的理论。

"法"是商鞅的主要思想，强调以法治国，"以吏为师"，"为法为教"。"术"是申不害的观点，申不害曾担任过韩国的相国，帮助韩昭侯进行过改革。“术”是指君主驾驭和控制臣民的权术、手段。“势”是慎到的观点，慎到为赵国人，前期法家，曾在齐国稷下学宫讲学，“势”即权势，主张君主要有权威。韩非集三者之大成，认为三者光有其一不行，必须把三者结合起来。一个国家必须有法，把法作为全社会必须遵循的准则，让大家知法、守法。韩非主张严刑峻法。他说，山谷深渊，每一个人都知道不能掉下去，因为掉下去必死。法也一样，要让大家知道法必须遵守，违法者必严惩。韩非主张执法要公正、赏罚要分明，“法不阿贵，绳不挠曲。法之所加，智者弗能辞，勇者弗敢争。刑过不避大臣，赏善不遗匹夫”。法是最主要的，但有法无“术”也不行。国君有了法，还要有统治的方法和手段，要善于驾驭和控制臣民。韩非主张君主要以刑、德为手段，“明主之所导制其臣者，二柄而已矣。二柄者，刑、德也。何谓刑德？曰：杀戮之谓刑，庆赏之谓德”。韩非所谓的“德”并非儒者所说的仁义之德，而是指庆赏，即有功者赏。韩非认为君主掌握了刑德就好像老虎有了爪牙一样。法是要公布出来让大家遵守的，而术则是要由君主秘密掌握用以保证法的贯彻的。但有了法、术，还要有势，权势是法术的前提，国君没有权势、权威，法、术就无法实行，“君执柄以处势，故令行禁止。柄者，杀生之制也；势者，胜众之资也”。所以法、术、势三者缺一不可。

韩非看到自然和社会都充满矛盾，他说："万物必有盛衰，万事必有弛张，国家必有文武，官治必有赏罚。"事物都处于矛盾对立之中。所以韩非首创了"矛盾"一词，并用它来探索战国时代的各种社会关系的真谛。韩非是在批判儒家美化先王尧、舜时提出"矛盾"一词的，他用了一个故事非常形象地说明了自相矛盾的概念：有一个楚国人在卖盾时说其盾坚固无比，没有任何东西可以刺穿它；而卖矛时又说其矛锋利无比，没有什么东西不能刺穿。旁人说以你的矛刺你的盾，如何？楚人哑口无言。韩非认为，君臣之间，君民之间，父子、兄弟、夫妻之间，各政治集团之间，各学派之间，都是利害的矛盾关系。他继承了荀子的"性恶论"，认为人性都是自私的。他又发展了荀子"重法"的思想，并继承了商鞅、申不害和慎到的观点，形成了自己的法治思想。

作为当时新兴阶级思想的代表，韩非坚持历史的进化论，他是先秦思想家中比较少见的、较系统论述了社会历史进化历程的思想家。他首次把历史划分为上古之世、中古之世、近古之世，认为一个时代比一个时代进步。所以他反对法先王，认为那些想要用先王的一套来治理当世之民的人是"守株待兔"，"今欲以先王之政，治当世之民，皆守株之类也"。

在宗教观上，韩非继承了荀子的思想，否认天神的存在："天有大命，人有大命"，自然界有自然界的运行规律，人类社会也自有其运行规律。也否定鬼神迷信。他认为鬼神观念是人们在疾病中，由于痛苦的畏惧所产生的一种虚幻的想象："人处疾则贵医，有祸则畏鬼"，社会的苦难也是鬼神迷信产生的重要根源："上不与民相害，而人不与鬼相伤"。韩非还用了"画鬼容易画犬难"的寓言故事嘲讽了鬼的虚幻。

2. 春秋战国时期的宗教思想

(1)"五德终始说"与"五帝"崇拜

邹衍与"五德终始说"。邹衍（约前 305—前 240），是战国中后期著名的思想家，是阴阳五行学派的创立者。齐国人，活动年代比孟子稍晚。曾在齐国稷下住过，到过魏、赵、燕等国，所到之处受到隆重的礼遇。到魏国时，魏惠王亲自到郊外迎接他，执宾主之礼；到燕国时，燕昭王竟特地为他修筑了碣石宫，以师礼待之。

"阴阳"学说是《周易》提出的。《周易·系辞》上说"一阴一阳之谓道"，阴阳相互作用，推动了宇宙的生生不息、变化无穷。"五行"最早是《尚书》里提出的，"五行"思想把宇宙间的各种事物归纳为金、木、水、火、土五种物质形态，凡世界上的一切现象都可用这五种物质形态去解释。后人又提出了五行相生相克的观点，相生是木生火、火生土、土生金、金生水、水生木；相克是水克火、火克金、金克木、木克土、土克水。春秋战国时期，天下大乱，社会处于动荡变迁之中，到邹衍生活的时代，周王朝的衰亡已是指日可待，那么究竟取代者会是谁？下一个王朝将是什么样的？这是众人所关注的。作为思想家的邹衍在思考这个问题时，把阴阳五行学说引进了社会领域，把用来解释自然现象的五行附会到社会现象上，创立了“五德终始说”（“德”即属性的意思），用五行来解释历代王朝更替的原因及其特征。邹衍认为每一个王朝都代表五行中的一行，他从五行相胜（即相克）出发，按照土、木、金、火、水的顺序，说明历史是依五行运转而由王者代兴。他说黄帝代表土德，其颜色尚黄；大禹代表木德，其色尚青；木克土，所以夏王朝取代了黄帝朝；商朝代表金德，其色尚白，金胜木，所以商代夏；周自然是火德了，其色尚赤，火克金，周代商。依照邹衍的理论，取代周的必然是代表水德的，水克火，其色尚黑。而为了适应五行的运转，就必须制定相应的制度。后来秦始皇就采纳了邹衍的这一套，以水德自居，以黑色为流行色。水德崇“六”之数，所以秦以六尺为步，车也为六尺，一车配六马，统一全国后分天下为三十六郡（六的倍数），以后又增为四十八郡等等。可见邹衍的学说影响之大。在“五德终始说”的影响下，传统的上帝崇拜逐渐分化为“五帝崇拜”。

“五帝崇拜”的由来演变。五帝崇拜起于古代的“土神”，在商代，就有四方崇拜。甲骨卜辞中有关于“东土”

“西土”“南土”“北土”的记载，在商代人的观念里，“土神”可以保佑年成、降雨止风、避免灾害、保佑疆土等，所以他们对四方土神的祭祀十分隆重，用人牲来祭祀，享受与先公先祖同样的待遇。到了周代，更是规定四方土神只能由天子来祭祀，显然已把它看成是国土的象征。但商周时期，四方之神只是地域的象征，是土神之一，并没有具体的名称。到春秋初年，秦人立国后，因自己是起于西方，于是首先尊崇西方之神，以少皞为西方之神，称“白帝”。后来大概因为自己本居东方，后流放西方的，于是又尊崇东方之神，祭青帝。以后随着秦的势力不断地强大，野心也日益扩大，连其他几方之神也一起设坛祭祀了。于是在秦国，原来的四方之神都有了各自的名称和专门的祭坛。

到战国时代，周天子被一脚踢开，诸侯纷纷称王。反映在宗教信仰上，在五行思想的流行中，原先统一的天神也分化成了东、西、南、北、中五帝，除了有各自的名称外，还有自己的专职、色彩。据《吕氏春秋》载：东方之帝名太皞，属木德，主春，颜色尚青，故又称“青帝”；南方之神名神农，属火德，主夏，色尚赤，又称“赤帝”；西方之帝名少皞，属金德，主秋，色尚白，称“白帝”；北方之神名颛顼，属水德，主冬，色尚黑，称“黑帝”；中央之神名黄帝，属土德，主季夏，色尚黄，称“黄帝”。

五帝崇拜在秦统一全国后更得到推崇，在秦汉年间风行一时，并影响后世，后又被道教纳入其神系中。

（2）神仙思想与方仙道

战国时期兴起的神仙思想与方仙道，受到了道家思想及传统巫术、鬼神崇拜等思想的影响。

道家思想主张清静无为、顺乎自然。在养生上，道家承认有“长生久视之术”，视即活也。《老子》说“深根固蒂，长生久视之道”。怎样才能达到长生久视呢？老子认为最重要的是要“载营魄抱一能无离”，即要能使人的血肉之躯与灵魂合一而不分离，而要做到灵肉合一的关键则是“谷神不死”。“谷”养也，即炼养精神，使之永不衰竭。为此，就要做到清静无为、少私寡欲、知足常乐、与世无争，使心灵经常处于恬淡宁静的状态。随后的庄子更进一步描绘了各式神仙人物，并提出了各种长生方术。庄子描绘的神仙人物有：真人，登高不惧，入水不湿，入火不热；圣人，“乘云气，骑日月，而游乎四海之外，死生无变于己”；神人，“肌肤若冰雪，绰约若处子，不食五谷，吸风饮露，乘云气，御飞龙，而游乎四海之外”。庄子认为，修道能使人返老还童、延年益寿。为此，庄子提出了导引、守一、坐忘等方法。

除了道家思想的影响外，神仙思想还受到传统的巫术、鬼神崇拜等多种影响。像《山海经》上就有“不死之山”“不死之国”“不死之药”“不死民”的记载。《淮南子》载有后羿窃得不死药，却被妻子嫦娥偷服，飞升到月宫去了，即嫦娥奔月的传说。此外，中国古代还有周穆王西游昆仑山，与王母娘娘宴饮唱和等传说，都反映了古人想长生不死、成仙的思想。

春秋时代，北方沿海的燕齐地区，受海市蜃楼的幻景和变幻莫测的大海的启示，盛传仙人和不死之药的说法，认为茫茫大海上有仙山，上面住着长生不死的仙人，还有不死之药。到战国时代，燕齐滨海的方士即造说海上有蓬莱、方丈、瀛洲三座神山，山上住着仙人，有不死之药，山上的禽兽是白色的、宫殿是用黄金白银造的，远远望去在云雾中隐现，及近了则在海水之下。凡人若接近，还未到就会被海风将船吹跑，难以靠近。说得活灵活现，以至战国时齐威王、齐宣王及燕昭王这些梦想长生不死的君主都曾派人出海去寻找。及至秦汉时代，秦始皇、汉武帝更是不惜一切，多次派人出海去寻找这些子虚乌有的仙人与仙药。

神仙思想成为以后道教理论的重要组成部分。

第五章　文学艺术

一、原始时代的文学艺术

1. 上古文学

文学艺术的起源。文学和艺术应该是同时产生的。因为文学是和语言同时产生的，而在语言产生的初始阶段，是不可能有丰富的语言来提供表达工具的，它还要借助于音乐、舞蹈。所以从一开始，语言、文学、音乐、舞蹈就结合在一起，它们实际是一体的。诚如《吕氏春秋》所述：“昔葛天氏之乐，三人操牛尾，投足以歌八阕。”

文学和艺术源起于人们的生产劳动，同时还与人们感情的交流宣泄、巫术的活动有关。

原始人在其劳动的过程中，由于筋力的张弛和工具运用的配合，或为了协调彼此的动作、减轻疲劳，自然而然地发出劳动的呼声。这种呼声具有一种声调的高低和间歌，因而形成一定的节奏，这种简单的节奏，正是诗歌韵律的起源。像《淮南子》记载：“今夫举大木者，前呼‘邪许’，后亦应之，此举重劝力之歌也。”鲁迅先生在谈到文学的起源时也说：“我们的祖先的原始人，原是连话也不会说的，为了共同劳作，必需发表意见，才渐渐地练出复杂的声音来。假如那时大家抬木头，都觉得吃力了，却想不到发表，其中有一个叫道‘杭育杭育’，那么，这就是创作……倘若用什么记号留存了下来，这就是文学；他当然就是作家，也是文学家，是‘杭育杭育’派。”所以说生产劳动是原始歌谣的源起。在我国的上古歌谣中，这样的例子很多。比如相传作于黄帝时代的《弹歌》：“断竹，续竹，飞土，逐宍（古‘肉’字）。”它用短短的八个字给我们勾勒了一幅原始人的狩猎图，包含了从砍竹、接竹、制造出弹弓，然后装上弹丸射取禽兽的全过程。黄帝时代相当于考古学上的仰韶文化后期，而考古发掘从仰韶文化时期的遗址中出土了不少陶制的弹丸，这说明这首歌谣是比较真实地反映了当时人们的生产劳动，是可信的。

还有像《周易》中记载的反映当时游牧生活的牧歌：“女承筐，无实；士刲羊，无血。”少女拿着筐在承接割下的羊毛，羊毛蓬松、几乎没什么重量，故“无实”；小伙子拿刀割取羊毛，并非宰羊，故“无血”。短短十个字，情景交融，生动有趣，不是亲历其中是写不出来的。

除了诗歌外，艺术的起源亦是如此。普列汉诺夫在论述艺术的起源时说：“劳动先于艺术，总之，人最初是从功利的观点来观察事物和现象，只是后来才站到审美的观点来看待它们。”所以原始的艺术源于生产劳动，并往往和巫术结合。比如仰韶文化半坡遗址发现的画在陶器上的人面鱼纹图，并非是为了好看，而是表示人们的一种愿望和祈祷。再如在河南临汝发现的仰韶文化时期的一幅较大型的艺术作品——《鹳鱼石斧图》，画在陶缸的一侧，画面左侧站立着一只白鹳，它细颈长喙、短尾高足，嘴里衔着一条鱼，因鱼较大，故鹳身稍后仰，头颈高扬，表现了动态平衡的绘画效果。鹳的眼睛很大，炯炯有神，俨然是征服者的气概。而鱼则眼睛小，身体僵直，显得无力挣扎的样子。画面右侧有一木柄石斧，斧柄中间有一醒目的黑叉。这看起来是一幅很精彩的艺术品，但专家分析它隐含的意思是：石斧是权力的象征，应该是代表墓主人，白鹳则是其部族，鱼则代表被征服者，所以此图应是墓主人生前的战功图。再如爱斯基摩人为了能顺利地猎取海豹，时常模仿海豹的动作为舞蹈，北美的印第安人出于同样的目的模仿熊的动作跳熊舞。我国湘西的土家族人也有一套模仿从播种到收割全过程的舞蹈。而最早的乐器，也是为了诱捕野兽而制作的拟声工具。

除了生产劳动以外，人类作为高级动物，还需有感情的交流和宣泄，而这也应是文学艺术的起源之一。《周易》

中记载了反映打了胜仗之后人们的情绪的变化及宣泄的歌谣："得敌。或鼓，或罢，或泣，或歌。"一场胜仗之后，有人击鼓以庆，有人疲惫不堪，有人伤心哭泣，有人兴奋放歌。

《吕氏春秋》上还记载了一首一句之歌，后人称之为《候人歌》："候人兮猗！"《吕氏春秋》把它作为我国南方最古老的情诗，它反映的是大禹新婚四天即离家治水去了，等候丈夫归来的妻子发出的深情而无奈的呼唤。

此外，上古时期原始巫术的活动也应该是一些歌谣的源起之一，像《山海经》里记载的命令旱神——魃，让其北行的歌："神，北行！先除水道，决通沟渎。"

还有《礼记》里记载的相传为神农时代的《蜡辞》："土反其宅，水归其壑，昆虫毋作，草木归其泽！"

从以上可以看出，文学和艺术的诞生同人类的生产劳动、感情交流及宣泄和巫术活动等都密切相关。同时，虽然原始歌谣极其简洁，但却生动活泼、淳朴自然，有很强的概括能力，它是我国诗歌的源头。

上古的神话传说。神话传说是先民们以不自觉的艺术形式口头创作的关于自然、人类的历史，它以一种特殊的方式反映了先民的生活及历史发展过程，它是处于原始时代的先民们，以自己的认识为我们描述的他们所处的那个世界的形成及他们祖先的历史。透过那些瑰丽奇异的想象，折射出来的是先民们踉跄前行的足迹和身影。

我国的上古神话散见于各种先秦典籍中，看起来简单、零散，但仔细考察一下就会发现它们是散落之珠。如果将其中的许多串联起来，就可以大致勾勒出先民们在远古的旷野中走过的轨迹。

首先是创世神话，对于世界的形成和人类起源的探索，是创世神话的主题。像“盘古开天地”，说“天地混沌如鸡子”，后来盘古开天辟地、身化万物。有了天地后就应该有人了，“女娲造人”的神话又解释了人的起源。说女神女娲一开始捏黄土造人，后来做累了，干脆用绳子抛入泥巴中，一甩出来的泥点都成了人。这显然也是对母系氏族“知其母不知其父”现象的反映。

其次是英雄神话。原始时代的人们局限于生产力的低下，既依赖于自然，又畏惧可怕的自然灾害，他们希望有英雄来征服自然，于是创作了英雄神话。同时，英雄神话也是先民们同自然斗争的艰难历程的反映。像《女娲补天》，说上古时代，天裂了，于是大地上烈火熊熊、洪水滔滔、毒蛇猛兽肆虐。女神女娲挺身而出，炼五色石补天，拯救了世界。还有《后羿射日》，说尧的时候，天上有十个太阳，晒得禾苗草木全部枯焦。这时，英雄神射手后羿为民除害，射下了九个太阳。这显然是对大旱灾的一次记忆。而《鲧禹治水》则是对洪水浩劫的回忆：尧的时候洪水滔天，尧命鲧治水，鲧用堵的方法治水失败。接替尧的舜上台后杀鲧，让鲧的儿子禹继续治水。禹吸取父亲的教训，用疏导的办法治水。禹新婚四天就离家，三过家门不入，终于治水成功。这是同自然斗争成功的英雄，而一些失败的英雄也同样可歌可泣、让人震撼。比如《夸父追日》，敢于追赶太阳的夸父，最后“道渴而死”了，还把自己的手杖化为郁郁桃林，荫蔽后人。与夸父类似的还有女英雄精卫，《精卫填海》讲述的是一个被海淹死了的少女为了不再让别人重复她的悲剧，竟化为一只小鸟，日夜不停地衔微木、细石去填浩瀚的大海，那种惊人的意志和毅力极其悲壮感人。

除上述外，上古的神话还很多，像断头的刑天的传说、黄帝战蚩尤的传说等。上古神话不但为后世的文学发展提供了丰富的素材，它的创作方法对后世文学更是影响巨大。它是浪漫主义文学的萌芽，它那种新奇奔放的幻想与夸张，为后世的许多作家与作品所借鉴。

2. 上古艺术

音乐舞蹈。音乐舞蹈的源起如前面所述，它同人类的生产劳动、感情的交流宣泄及巫术等密切相关。

音乐在声乐方面应该是和语言同时产生的，但在器乐方面则要晚一些，从考古资料看，乐器是从新石器时代才开始有的。

从考古发掘来看，原始的乐器主要有打击乐器和吹奏乐器。

打击乐器主要有石磬、陶鼓、木鼓、陶钟等。最早出现的打击乐器应该是石器。像石片、石刀等都可做打击乐器，而这种打击乐器后来就发展为石磬了。在山西陶寺龙山文化遗址和东下冯文化遗址都出土过石磬。相传鼓是尧舜时代的伊耆氏发明的。考古发掘的陶鼓有腰鼓，可系绳，挎在肩上敲击，在我国青海民和县马家窑文化遗址中曾出土这种腰鼓；还有筒形鼓，在龙山文化和红山文化遗址中都有出土。除陶鼓外，还有木鼓。在山西陶寺龙山文化遗址中出土的木鼓用独木制成，呈桶状，中间挖空，外绘彩，蒙以鳄鱼皮。这种鼓在古代又称“鼍鼓”。

此外，在考古发掘中还发现有陶钟、陶铃等。

吹奏乐器应当是由引诱禽兽的拟声工具发展而来的。像骨哨，在河姆渡遗址发现了四十三件骨哨。它们是截取了鸟类的肢骨的一段，在同一侧的两端刻上圆孔，少者一至二孔，多者达四孔。吹奏时似鸟叫，清脆悦耳。还有角号，陕西华县井家堡仰韶文化遗址出土了一件陶角号，山东莒县大汶口文化遗址也出土了一件陶角号。埙也是我国最古老的吹奏乐器之一，它以黏土烧制，类葫芦形状，中空，钻孔，有吹孔、按音孔等。我国新石器时代出土了不少陶埙，像甘肃玉门火烧沟出土的新石器时代晚期的陶埙，有一吹孔、两按音孔，可发四个乐音，构成四声音阶。还有山东潍坊姚官庄龙山文化遗址出土的灰陶埙，有一吹孔，一按音孔，可发两个乐音。还有骨笛，在河南贾湖遗址中出了不少骨笛，距今八千年左右。其中一件以猛禽的腿骨制成，截去两端关节，再钻六至七孔，表面磨光。

舞蹈与歌谣应是一体的，它比乐器的产生要早，从考古材料看，旧石器时代晚期出土的器物上已有舞蹈的形象，而它的产生有可能还更早一些。

从民族学的资料看，原始舞蹈的类型应该有模仿生产劳动过程及狩猎过程的舞蹈，有因巫术、宗教祭祀需要产生的舞蹈，有表现战争或战后庆贺的舞蹈，有两性相悦恋爱的舞蹈等。从考古材料看，青海大通县上孙家寨马家窑文化遗址中出土了一件彩陶盆，上面绘有一组集体舞蹈的形象，共分三组人物，每组五人，皆为女性。她们并肩携手、踏歌起舞。此外在青海同德、甘肃武威等均发现有此类的舞蹈盆，上绘几组的舞蹈形象。同时，在许多地区的史前岩画上都有众多的舞蹈形象。

雕塑绘画。在我国，雕塑从旧石器时代晚期就有了。就其制作材料来分的话，主要有木、石、陶、玉等。木雕易朽，很难保存下来，但浙江河姆渡文化遗址中出土了不少木雕件，如木雕鱼等。石雕是由石器制作而来，在山顶洞人的遗址中就已发现了有穿孔的石珠等。在红山文化的遗址中亦出土了不少石雕的女神像，有大有小。在内蒙古兴隆洼文化遗址中亦出土了不少石雕女神像。当然这些石雕像制作者并非是将其当艺术品创作的，而是制作的神偶像，出于崇拜的目的，都比较夸张地突出了女性的特征。陶雕包括雕、塑两种。陶雕是在陶器上雕刻图案，像河姆渡文化遗址上就刻有各种动植物的纹饰，大汶口文化、良渚文化遗址出土的陶器上也都有。陶塑的造型则有人物、动物等。全国各地都有发现。在黑龙江、陕西、浙江、内蒙古等新石器文化遗址中都有发现陶塑人像。比较早的陶塑发现于裴李岗文化和河姆渡文化的遗址中，出土有陶塑的猪、羊及人头像。裴李岗文化遗址发现的一件人头陶塑像，头扁脸方，前额较平，粗壮的眉骨左右相连，宽鼻深目，下颌突出，口、眼用力剔出，具有早期雕塑的特点。到新石器时代后期，雕塑技法有了较大进步。在陕西临潼邓家庄发现的一件陶塑半身人像，五官位置适度，人物造型优美，头上戴冠，冠与面部比例适当，使人物显得英俊。这一时期陶塑的特点是和生活、巫术密切相连。甘肃秦安大地湾遗址出土一件人头形陶瓶，瓶口为圆雕人头，像女性，五官端正，陶瓶上部都涂有红色陶衣，用以表示肤色。肩以下绘黑色弧形三角花纹，表示衣裙。构思巧妙、造型生动。陕西渭南出土的陶塑人头像则雕在一件带把的壶嘴上方，头向后微仰，短发卷曲，眼、口半张作微笑状，仿佛一脸稚气的孩童在逗人发笑，人物表情生动传神，说明这时的雕塑已达到比较高的水平。

陶塑动物出土的就更多了，主要为猪、狗、羊、鸡等家养动物。像半坡遗址出土有陶猪，河姆渡遗址出土有陶猪、陶羊等。在红山文化的祭坛遗址，出土了像狗、猪、蛇、鸟、鸡、羊、狐狸、刺猬、海豹等陶塑小动物，种类繁杂、数量又多，显然是作为祭祀时的供物。

我国有崇玉的传统，玉文化很发达。在红山文化、良渚文化和龙山文化等遗址中都发现了大量精美的玉器，玉雕水平也达到很高的程度。在红山文化遗址中发现了大量的玉雕动物，如虎、猴、龟、鱼、蝉、鸟、鹰等，这些玉雕动物生动活泼、栩栩如生、形态逼真。特别引人注目的是发现了不少玉龙，有玉卷龙、玉猪龙等。1971 年在内蒙古翁牛特旗三星他拉村发现的一件红山文化的大型玉龙，用整块玉石圆雕而成，呈墨绿色，体卷呈“C”字形。玉龙细部用浮雕和浅浮雕的手法，通体琢磨，光洁圆润。龙体伸屈刚劲有力，吻部上翘且前凸，长鬣高扬且上飘，显得极有生气。是一件极为难得的艺术珍品。玉猪龙是猪首龙身，多由淡绿色玉或白玉制成，肥首大耳，双耳高耸，大圆眼，吻部前凸，口微张，獠牙外露，体屈如环。整体结构扁圆厚重、光素无纹，形制古朴，仅用寥寥数刀雕出眼、嘴、吻、鼻，刀法简练、风格古朴厚重，颇具神韵。

良渚文化则出土了大量的玉制礼器，有玉琮、玉璧、玉璜、玉钺等。像玉琮，是巫师通天地的法器，其外圆内方的造型，象征天地的贯穿。1986 年出土于浙江余杭反山良渚文化遗址12号墓的宽体玉琮，因其宽度居良渚文化出土的群琮之首，故被称为“琮王”。上刻有八个神人兽面纹图案。整个兽面用夸张的手法突出了兽的狰狞表情和锋利的爪子：大眼圆睁，鼻长且宽，鼻翼外张，嘴巴阔大，一对獠牙外伸，足为锋利的三爪。整个画面怪异神秘。其凿刻的线条十分纤细，有的细如毫毛，肉眼难以看清细部。

绘画方面，从新石器时代的彩陶来看，无论是色彩的搭配，还是表现手法的熟练，都说明当时对绘画的技法已达较高的水平。像前所述的《鹳鱼石斧图》，画面的结构布局合理，色彩用黑白二彩绘成，对比鲜明，形象表情生动，是我国早期绘画的杰作。在甘肃秦安大地湾仰韶文化晚期的房址地面上发现了一幅带有原始宗教意识的地画，以棕色颜料勾线、内填白色绘成，画了三个舞动的人物和两只似为牺牲的羊。地画的技法古朴粗犷，用简单的线条勾勒出人物与动物的特征，高大结实的男性和乳房高耸的女性都表现得很鲜明。

此外，我国新石器时代出现的陶器，多绘有各种装饰画，像彩陶上的编织纹、植物纹、动物纹、几何纹及人物、日月等，无不色彩分明、鲜艳，线条流畅，技术纯熟，比例适当。而我国各地发现的史前时期的岩画，面积庞大，且形象简洁、古朴生动，带有浓厚的神秘性。

二、夏商西周时期的文学艺术

1. 文学

(1) 商周的散文

甲骨文和金文。甲骨文作为刻在龟甲、兽骨上的占卜记录，一般只有几个到十几个字，最长的不过百多字。其内容简略，文字表述无文采可言，更谈不上文学技巧的应用。此外，迄今为止发现的十九万片左右的甲骨文，有单字四千五百多个，但能识读的仅九百多个，仅占五分之一，还有五分之四的文字有待于进一步探寻、研究。

但作为一种文化现象，甲骨文并非横空出世，它必然有一定的继承性，有少量的甲骨文较为完整可读，记事明晰顺畅，初步具有了散文的某些因素。例如："戊辰卜，及今夕雨？弗及今夕雨？""癸卯卜，今日雨。其自西来雨？其自东来雨？其自北来雨？其自南来雨？"

有学者指出，后世民歌中颇有类似的作品，例如《诗经·周南·芣苢》："采采芣苢，薄言采之；采采芣苢，薄言有之；采采芣苢，薄言掇之；采采芣苢，薄言捋之……"

还有汉乐府民歌中的《江南》："江南可采莲，莲叶何田田？鱼戏莲叶间。鱼戏莲叶东，鱼戏莲叶西，鱼戏莲叶南，鱼戏莲叶北。"

甲骨文中还有一些言简意赅而又蕴含丰富的卜辞，例如：“戊戌卜贞，今日旦。王疾目，不丧明？其丧明？”对商王的眼疾，有疑问、有推测、有担忧。形式整齐，语句中亦含一定的感情。应该说还是含有一些文学因素的。

作为刻在青铜器上的铭文，金文也多艰涩古拙。但比之甲骨文，它不仅篇幅有所扩展，像《毛公鼎铭》达近五百字，而且应该算是比较系统的有意识的历史记载之文了，其结尾往往有“子子孙孙永宝用”“子子孙孙，万年无疆”的语句，已有明显的留之子孙、传于后代的意识。一些铭文叙述完整的事件，写人的行为言论，已有一定的文学性。像《令鼎铭》，先记周王的籍田与射箭活动，后记在回去的路上，周王自己驾车，叫名为“令”和“奋”的两人跑在马前面，谁能先到，便赏给奴隶十家。结果“令”先到，周王回去后就发布了赏赐的命令，“令”拜谢说“我不过是学习罢了”，并颂扬了周王的美德。整个记载有人物、有事件过程、有对话，描述了人物的不同形态，已有相当的文学色彩。而像《虢季子白盘》，以一百一十一字的篇幅记载了虢季子白奉周王之命征伐猃狁于洛水之阳，立战功受赏于周庙的事迹。时间、地点、人物俱全，既记事又记言，已是一篇像模像样的记叙文了。

《尚书》。《尚书》意为上古之书，是我国现存最早的一部历史文献汇编，分《虞书》《夏书》《商书》《周书》四部分，一般认为《商书》《周书》较为可信。

比之甲骨文、金文而言，《尚书》已是长篇大论的记言之文，故其在表达方式和文采方面比之甲骨文、金文已是不可同日而语。

《商书·汤誓》是商汤告喻众人要讨伐夏桀的一篇誓词，为了激励众人、鼓舞士气，商汤用设问的语气，先解释了为什么要伐夏，后解释夏桀有什么罪行，并引用夏朝百姓的歌谣作为证据。全篇誓词层层深入、自问自答，具有很强的说服力。

《商书·盘庚》记载了盘庚在迁都前后为了说服民众的三次讲话。盘庚为了增强说服力，用了很多“若什么”的比喻句：“予若观火，予亦拙谋，作乃逸。若网在纲，有条而不紊；若农服田力穑，乃亦有秋。”“若乘舟，汝弗济，臭厥载。尔忱不属，惟胥以沉。”盘庚说：我对当前的形势像观火一样，看得很清楚，如果我不善于谋划操作那就错了。君臣关系就好像纲和网，只有服以君令，才能纲举目张。大家要共同努力，就好像农夫只有努力耕作，才会有秋天的收获。我们大家就好像同乘一条船渡河，如果你们上了船又不愿过河，不愿同舟共济，那就只有一起沉下去。盘庚又说，“予告汝于难，若射之有志”，我把困难告诉你们，是为了大家心中有数，就好像射箭要有靶子一样。盘庚警告那些贵族不要散布浮言惑众，因为浮言一旦散播、民众被煽动，就会“若火之燎于原，不可向迩，其犹可扑灭？”这些比喻贴切妥当、形象生动，极富文学色彩。

《商书·微子》中，微子在论述殷商的衰亡时用了一个极其形象而贴切的比喻——“今殷其沦丧，若涉大水，其无津涯”。今天商的衰亡，就像渡河的船，大水茫茫，船上的人竟找不到对岸和渡口了。

《周书·金縢》则让我们看到了一个有事件、有情节、有人物的历史故事。全文分三部分：第一部分写周灭商次年，武王病重，周公向祖先祷告，愿以身相代，结果第二天武王病愈。史官把这件事及周公的祷告词记在册书上，藏在用金属束着的匣子中。第二部分写武王死后，成王继位，因年幼，由周公辅政。管叔、蔡叔不满，散布谣言说周公想篡权，成王也起了疑心，周公为避嫌，主动到东方居住。第三部分写秋天出现狂风暴雨、雷电交加，庄稼倒伏，大树连根拔起。成王打开匣子，看到了周公当年的祷词，对周公的忠贞极为感动，亲自到郊外迎接周公归来，双方消除误会。整个事件叙述得层次分明，有伏笔、有悬念，曲折有味。还刻画了一些人物的形态、心理活动，如叙述成王对周公有所疑心时用“王亦未敢诮公”（成王也只是不敢责备周公），这句话将成王那种半信半疑的微妙心态巧妙地表达出来。

《周书·秦誓》记秦晋崤之战，秦穆公因不听老臣蹇叔的劝谏，致使秦军全军覆没。晋将秦将放回，秦穆公亲自素服郊迎，并当众自责检讨：“公曰：‘嗟！我士，听无哗！予誓告汝群言之首。古人有言：民讫自若，是多盘。责人斯无难，惟受责俾如流，是惟艰哉！我心之忧，日月逾迈，若弗云来！’”秦穆公说：“啊！我的臣民们，听着，不要喧哗！我有极其重要的话要告诉你们。古人说：凡是太自信、刚愎自用的人，他的错误也就多了。人都是这样的，责备别人很容易，但要接受别人的责备、从善如流就难了！我的心是多么悔恨和忧伤啊！因为逝去的时光是永远不会回来了！”一番说辞声情并茂，感人至深，让我们看到了秦穆公的胸襟与气度。

《尚书》文风质直古朴，使用了不少文学手法与技巧，在古代散文史上具有奠基意义。

(2)《诗经》

《诗经》是我国的第一部诗歌总集，是我国诗歌的起点和源头。《诗经》非一人一时之作，其产生和形成的确切年代已难考定，大致作于西周初年至春秋中叶约五百年间，作者也大多不知。《诗经》原称为《诗》，后经孔子修订后成为儒家的经典，故称《诗经》。《诗经》可颂可唱，按音乐的特点分为《风》《雅》《颂》三部分：“风”是音乐曲调，指不同地区的乐调，相当于现在的各地民歌，《风》分为“十五国风”；“雅”即“正”，是指为宫廷和贵族所享用的“正声”“正乐”的乐歌，是相对各地的“土乐”而言，《雅》分《大雅》《小雅》；“颂”是朝廷、宗庙祭神祀祖的乐曲，祭礼时以诗、乐、舞合一的形式祈祷神明、赞颂祖宗功业。《诗经》所涵内容极广，主要涉及以下内容：

爱情婚姻方面。这一方面的诗集中在《国风》部分，像第一首的《周南·关雎》：

关关雎鸠，在河之洲。窈窕淑女，君子好逑。
参差荇菜，左右流之。窈窕淑女，寤寐求之。
求之不得，寤寐思服。悠哉悠哉，辗转反侧。
参差荇菜，左右采之。窈窕淑女，琴瑟友之。
参差荇菜，左右芼之。窈窕淑女，钟鼓乐之！

描述了一个男子对采荇菜的美丽姑娘的热恋，醒时想，梦里也想，最后在想象中与心爱的姑娘结合了。

还有《郑风·子衿》：

青青子衿，悠悠我心。纵我不往，子宁不嗣音？
青青子佩，悠悠我思。纵我不往，子宁不来？
挑兮达兮，在城阙兮。一日不见，如三月兮！

写一个女子在城楼上等候恋人，以恋人的衣饰来借代恋人。最后说，虽然仅仅一天没见，却好像分别了三个月那么漫长。

再如《秦风·蒹葭》：

蒹葭苍苍，白露为霜。所谓伊人，在水一方。溯洄从之，道阻且长。溯游从之，宛在水中央。

蒹葭萋萋，白露未晞，所谓伊人，在水之湄。溯洄从之，道阻且跻。溯游从之，宛在水中坻。

蒹葭采采，白露未已。所谓伊人，在水之涘。溯洄从之，道阻且右。溯游从之，宛在水中沚。

全诗以萧萧的秋色为背景，以“宛在”一词寄托求之不得的无穷惆怅，一往情深，一唱三叹，婉转缠绵，意味隽永，成为爱情诗中的传世杰作。

除表达爱情之外，还有反映婚姻不幸、弃妇悲怨的诗，如《卫风·氓》写一位弃妇追忆恋爱时男方迫切地追求自己，嫁入夫家后自己吃苦耐劳，但最终却被丈夫抛弃。最后一段，女主人公再度想起当年丈夫的山盟海誓，愤恨不已地表明自己的态度：既然他背信弃义，那么从今以后一刀两断：

及尔偕老，老使我怨。淇则有岸，隰则有泮。总角之宴，言笑晏晏。信誓旦旦，不思其反。反是不思，亦已焉哉。

颂歌与怨刺方面。颂歌指在庙堂或宫廷奏颂的歌功颂德方面的诗，这类诗多出自卿贵族或乐官之手，集中在《颂》部分，《雅》中亦有一些。如《商颂·长发》颂扬商人的始祖契和先王相土、成汤的赫赫功业，其中第三段说：

玄王桓拨，受小国是达，受大国是达。率履不越，遂视既发。相士烈烈，海外有截。

称颂契威武刚毅，大、小国都治理有方。相土承继祖业，武功烈烈达于海外。

还有一些颂宴饮赞嘉宾之作，如《小雅·鹿鸣》，其第三段：

呦呦鹿鸣，食野之芩。我有嘉宾，鼓瑟鼓琴。鼓瑟鼓琴，和乐且湛。我有旨酒，以燕乐嘉宾之心。

将宴会上宾主和谐融洽、欢快热烈的气氛充分地表达出来。

怨刺诗是指那些对社会现实黑暗、统治者残暴昏庸荒淫进行揭露、劝诫或讽刺的作品。主要见于《大雅》《小雅》，《国风》中亦有一些。如《大雅·桑柔》，以桑树本茂密，因摘采过甚而剥落稀疏来比喻老百姓受盘剥之深，不胜其苦，刺周厉王失政好利而暴虐，以致民不聊生。

还有那首著名的《魏风·硕鼠》，把贪婪的剥削者们比为硕鼠，发出了这样的怒斥和呼喊：

硕鼠硕鼠，无食我黍！三岁贯女，莫我肯顾。逝将去女，适彼乐土。乐土乐土，爰得我所！

还有《魏风·伐檀》：

坎坎伐檀兮，置之河之干兮，河水清且涟猗。不稼不穑，胡取禾三百廛兮？不狩不猎，胡瞻尔庭有县貆兮？彼君子兮，不素餐兮！

以委婉曲折的反语，辛辣地讽刺了无偿占有劳动成果的剥削者。

征役农事方面。征役诗反映的是无休无止的、繁重的兵役、徭役带来的深重苦难，这类诗在《风》《雅》中都有，其中《小雅·采薇》是一首千古传唱的名篇。它描述一位士兵参加了与猃狁的战争，出生入死，终于可以回家了。在回家的路上，士兵追忆了从军打仗无法回家但又急盼归家的痛苦心情，“忧心烈烈，载饥载渴。我戍未定，靡使归聘”，以及那些激烈紧张的战斗，“岂敢定居，一月三捷”。最后是今昔对比、情景交融，将自己那种凄楚、哀伤的心情表达得淋漓尽致：“昔我往矣，杨柳依依。今我来思，雨雪霏霏。行道迟迟，载饥载渴。我心伤悲，莫知我哀。”

征战带来的不仅仅是士兵的痛苦，还给他们的亲人带来了苦难，像《卫风·伯兮》描写妻子怀念出征的丈夫的痛苦：

伯兮朅兮，邦兮桀兮。伯也执殳，为王前驱。
自伯之东，首如飞蓬。岂无膏沐？谁适为容！
其雨其雨，杲杲出日。愿言思伯，甘心首疾。
焉得谖草？言树之背。愿言思伯，使我心痗。

这是以妻子的口吻怀念丈夫之作，第一段写丈夫从军远征，第二段写自己无心打扮、形容憔悴，第三段写想念丈夫想得头痛但也心甘，第四段写想忘忧但办不到，因思念而伤心，以致病恹恹。

农事诗以《豳风·七月》为杰出的代表作，全诗共八段、八十八句，为《风》中篇幅最长者。它按季节和时令记叙了农夫一家从春忙到夏、从秋忙到冬，种田、采桑、养蚕、织布、裁衣、收割、打猎、筑场、盖房、造酒等，却全是为别人干活，自己一无所有：“无衣无褐，何以卒岁？”

史诗方面。《诗经》中有一些诗篇是叙商、周民族的史诗。记载商民族的史诗主要在《商颂》里。《商颂》中的《长发》《玄鸟》《殷武》等诗篇，叙述了商的起源、始祖契及先祖相的功业，对商的开国君主汤更是大力赞颂，把商王朝推向鼎盛的武丁也被推崇、歌颂。但总体来说，《诗经》中反映的商代历史还只是一些人物和片段。对周代历史，《诗经》中就有了一个比较完整、系统的叙述了。如《大雅》中的《生民》《公刘》《绵》《皇矣》《大明》等，就记述了周族人从始祖弃的诞生到武王灭商的一系列史迹。《生民》叙述了周族人的起源和始祖弃的事迹；《公刘》叙述了周族人的先祖公刘在商初率族人迁到豳（今陕西旬邑县），发展生产、扩充武力，开创了周族人基业的业绩；《绵》则记周文王的祖父公亶父率族人迁到了岐山的周原，并以地名称族名，周由此正式登上历史舞台，公亶父也由此被追尊为太王；《皇矣》则记周文王之父季历和周文王的事迹；《大明》则记武王灭商立国的事迹。五篇合起来就构成了一部相对完整的从源起到立国的周的历史。

《诗经》在春秋时代就有了巨大影响，公卿大夫们往往在政治、外交场合上引用《诗经》中的句子来表达自己的观点、看法或感情、志向。

《诗经》在艺术表现手法和创作方法上对后世的影响是巨大的。在艺术表现手法上，后人总结为“赋、比、兴”。“赋”就是铺陈直叙，像《豳风·七月》就比较典型；“比”是用比喻，“兴”即起兴，即先说其他的事物、景象来引出自己所要歌咏的事情。《诗经》在“比”“兴”的应用上极为出色。比如在《卫风·硕人》中用了一连串的比喻来形容卫庄公夫人庄姜之美：“手如柔荑，肤如凝脂。领如蝤蛴，齿如瓠犀，螓首蛾眉。巧笑倩兮，美目盼兮。”形象而生动，千百年来已成为经典。再如“兴”，《诗经》第一篇《关雎》就用河洲上雌雄和鸣的雎鸠起兴，引出男女之间的爱情。《小雅·鹿鸣》一开头写在空旷的原野上，一群鹿在悠闲地吃草，不时发出呦呦的鸣叫，以此起兴，营造了一个热烈和谐的氛围，从而引出宾主之间轻松、欢快的宴饮盛会。

《诗经》的这些艺术手法，对后世的文学创作产生了极其深远的影响。

此外，《诗经》描写具体生活、抒发切身感受的现实主义创作方法，也奠定了中国古代现实主义诗歌创作的优良传统，对后世那些关注社会现实及民生疾苦的诗人的创作产生了极大的影响。

2. 艺术

音乐舞蹈。夏代的资料甚少，仅见于一些记载及传说。比如说夏代的建立者启就是一个能歌善舞者，他在夏王朝确立的大典上戴着羽毛做的漂亮的华盖，左手拿玉玦、右手持玉环，载歌载舞，进行了精彩的表演。相传他还从天帝那里得到了《九辩》与《九歌》，还有让人听了"三月不知肉味"的美妙乐舞《九韶》。夏朝最后一个君主桀相传也有一支规模不小的乐队，所奏音乐是人们闻所未闻、见所未见的。据记载，夏桀时已有大鼓、钟、磬、管、箫等乐器，而夏启、太康、夏桀等都过度地沉溺于乐舞之中。从这些传说与记载来看，夏代的音乐和舞蹈已有相当的水平了。

商代的乐舞有确切的考古材料让我们了解。乐器方面出现了青铜乐器，考古发掘出了铜鼓、铜铙、铜钟等。当时已有了我国古代音乐的十二律体系，钟、磬、铙等常是三件为一套，每套发三个音，有明显的音程关系。陶埙的制作也有了改进，出土的陶埙体积增大，形制规整，音孔增多，有五个音孔，至少能发九个音，还可发四五个半音。甲骨文的"乐"字像木板上张着丝弦，底部像共鸣器，说明当时已有了弦乐器。1950 年发掘的河南安阳殷墟武官村商代大墓，在椁室西侧，发现了二十四具为墓主殉葬的女性尸骨，旁边的随葬品中有一大石磬，浮雕着一瞪目张牙的虎形，制作精美，音质极好，只要轻轻一敲，就会发出近于铜质的悠扬清远之声。还有作为舞具用的三个小铜戈，戈上还有绳帛或鸟羽的残迹，可见这二十四人当为女乐人。而据记载，商纣王的乐队有“女乐三千人”，可见其规模庞大。《诗经》中的《商颂·那》描述的是商人祭祀祖先时的盛大仪式，首先出场的就是规模庞大的乐队，有雄壮的大鼓、悠扬的箫管、清脆的磬、庄严的大钟等等，还跳起了壮观的由武舞（男舞）和文舞（女舞）组成的万舞。所有这些都说明了商代的乐舞有了很大的发展。

西周时期的乐舞达到了一个高峰。西周时期的乐是和礼结合在一起的，周初周公制礼作乐，不仅对历代的乐舞进行整理，而且制作了不少新的乐舞。经过周公的整理，西周的乐舞在形式上更加规范、在使用上有严格的等级规定，不同的礼仪有不同的音乐歌舞与之相配。《诗经》里保留了不少周王室诸侯祭祀时的乐歌，都是可诵、可奏、可歌、可舞的。《周颂》里的三十一篇，都是祭祀乐舞的歌辞。

周代的乐器按制作材料的不同共分为八类：金、石、土、革、丝、木、匏、竹，称为“八音”。其中的青铜编钟是周代才开始有的，初期的编钟是三件一套，后发展为八件一套。十二律的名称在周代正式出现，为黄钟、大吕、太簇、夹钟、姑洗、仲吕、蕤宾、林钟、夷则、南吕、无射、应钟。宫、商、角、羽、徵五声的体系也已确立。

周代的舞主要是宫廷祭祀舞，有大舞、小舞。大舞主要有六种，前面五种为前代舞蹈，第六种《大武》是周公所创，歌颂周武王伐纣灭商的功绩，共分六段。《诗经》中的《周颂·武》即是其歌词。小舞是西周贵族子弟跳的祭祀舞。此外，诸侯、贵族家都有自己的乐舞艺人，在陕西宝鸡茹家庄的西周中期的墓葬中，出土了一男一女两个舞蹈铜人，显然是贵族家的乐舞艺人。

雕塑。夏代的青铜雕塑艺术已达到较高水平，二里头遗址出土有一件盾形铜牌饰，正面用大小形状不一的绿松石镶嵌成浮雕式的兽面纹，图案组合共用了绿松石片二百片，十分精巧。这是我国目前发现最早的铜镶艺术品。二里头遗址还发现了陶塑、石雕、玉雕等。陶塑是用立雕或半立雕的方式表现羊头、狗、鸟、鱼、龟等动物形象，用以做陶器盖钮或把手的装饰。玉雕主要是一些琮、钺、圭、璋等玉质礼器。

商代的雕塑艺术十分发达，并给人以神秘感。装饰上，有浮雕或浅刻，多半是器物上的花纹，最常见的为饕餮纹、夔龙纹和云雷纹。饕餮纹的主要特征是一个夸大的动物头部，头上有角，口生利齿，眼睛很大，眼球常凸起呈半球形，中有圆凹，形成光点。此外还有蝉纹、蚕纹、鸟纹、牛头纹、虎头纹、鹿头纹等。这种浮雕或浅刻，多为青铜雕塑。商代的青铜雕塑多与实用器结合在一起，像尊、觥、卣等器物多有仿动物形象而造型的。湖南宁乡出土的商代四羊方尊，把四只羊的造型和布局同方肩尊的器形特点巧妙地结合起来，形象生动、造型精美，是难得的艺术珍品。此外，像虎食人卣，整体如踞虎形，后爪与尾成为卣的三足，前爪攫一人送入口中，造型实用而又狰狞可怖。

在河南安阳殷墟还发现了大量的动物雕像，以玉石为质料，如长鼻大耳的玉象、蜷足静卧的石牛等，无不栩栩如生。还发现有玉石的全身人像和人头像，有的跪坐戴冠，腰束宽带；有的赤足盘发，裸体文身，形态各异。

西周时期的青铜雕塑已经没有了商代的那种神秘、狰狞，而是趋于写实，贴近生活，以实用艺术为主。艺术水平却达到很高的程度，如陕西岐山县贺家村出土的牛尊，整体为水牛型，牛体浑圆，四蹄粗壮，头部前伸，双目圆睁，好似在鸣叫。尊口开在牛背上，口上加盖，盖上铸一立虎，虎四足向前，后身微缩，作捕食状。虎瘦劲而凶猛，牛庞大而憨实，形成了鲜明的对比，极其生动。河南洛阳北瑶出土的人形铜车辖，人屈膝而坐，双手置于胸前，脸瘦长，两眼直愣愣注视前方，嘴角两边有很深的沟纹，显出一副苦相，脸部造型极具个性，令人难忘。玉石的雕塑也达到很高水平，甘肃灵台白草坡西周墓出土的一件玉人，裸体，直立，双手置于腹部，螺髻形发式，额窄鼻宽，吻部突出，双耳穿孔，是个异族俘虏的形象，造型准确、形态逼真。陕西宝鸡茹家庄出土了许多动物玉雕，有虎、牛、鹿、兔、鸟、鱼等，造型丰富多彩，各具神态，都为艺术精品。陕西扶风还出土了两件写真水平相当高的罕见的艺术品，是用蚌雕的人头像，长脸、深目、高鼻、薄唇、高颧骨，戴有护耳的帽子，帽子刻直楞纹。据形象特征，可能是欧罗巴人种。

三、春秋战国时期的文学艺术

1. 文学

(1) 历史散文

先秦时代文史不分，许多著作既是史学名著，又是文学杰作。春秋战国时期的历史散文可以《国语》《左传》《战国策》为代表。

《国语》。《国语》是我国最早的一部国别史，它所记载的是春秋时代的历史，约成书于战国初年，比《左传》要早一些。关于它的作者，司马迁认为是左丘明，但后世怀疑之人甚多，难以定论。

《国语》在文学上的成就主要表现在语言艺术上和塑造人物方面。

《国语》，顾名思义，是分国记载，重在“语”上。通观全书亦是以人物的对话和语言叙述为主。这一点比之编年体的《左传》显然在体裁上更占优势，所以《国语》虽然成书比《左传》早，但在语言表述上的成就并不逊于《左传》。它有长篇大论的铺陈，亦有精练简洁的概括。如《周语·襄王拒晋文公请隧》，晋文公帮助周襄王复了位，周襄王为表示感谢，要赐封土地给晋文公，晋文公却不要土地，而要求允许他死后用天子的礼仪下葬，即请隧。对这种过分的要求，周襄公不好直截了当地拒绝，于是引经据典，从往至今娓娓述来，先说过去，说明先王制定的一套礼仪制度是为了区别地位的高低和表示尊卑贵贱的等级，并非为图什么享受；接下来又说现在，说上天降灾给周王室，因自己无能以致劳动了晋文公，但如果自己用改变先王的制度来酬劳我个人所受的恩惠，那么你晋文公将受到人们的憎恶；再接下来又假设，说如果你晋文公能改姓易朝统治天下，创立新的制度来显示功业，那么即使把我流放到边远荒地我也没话可说。但你如果仍然作为诸侯的话，就自然要遵守先王的礼制；再接下来又分析，说我如果为了私情而改变先王的制度，那将有愧于天下，又将先王、百姓置之何地？又怎么制定政令？如若不然的话，你自己自行用隧安葬就好了，我又怎么管得了？一番话层层深入，看似诚诚恳恳，推心置腹，但却步步紧逼、锋芒刺人，晋文公听了后：“遂不敢请，受地而还。”再如《周语·阳人不服晋侯》，周襄王把阳樊赐给晋文公，但阳樊人不肯归附晋国，晋文公于是派兵包围阳樊，打算用武力征服，眼看就要玉石俱焚。在这关键的时候，阳樊人仓葛站出来，他对晋文公的一番说辞，有理有据，义正词严，使得本来想用武力征服阳樊的晋文公听后由衷地佩服，感叹说“是君子之言也”，于是让阳樊的居民迁出。

在塑造人物上，书中先后记述了近百个人物，有不少人物刻画得相当生动，个性鲜明、形象突出，比如《齐语》八篇从政治、经济、军事，内政、外交等各方面着力塑造了齐桓公和管仲这两个人物。先是以鲍叔荐管仲、鲁庄公与施伯的对话为管仲的出场做了带传奇色彩的铺垫；然后又通过齐桓公与管仲的一番对话生动刻画了一个励精图治又虚怀若谷、虚心求教的君主和一个胸有成竹、才智卓越的臣子。君臣同心协力，最终“诸侯归之”称霸天下。《晋语》在《国语》中是最长的，从《晋语一》至《晋语四》，作者撷取了晋国从献公至文公称霸这一段精彩的历史做背景，塑造了一系列形形色色的人物：前几卷塑造了昏庸好色的献公，忍辱复仇、手段毒辣的骊姬，性格软弱、处处无奈的太子申生，还有博学睿智、洞烛先机的史苏，老成持重、善于处理关系而又明哲保身的里克。此外还着力塑造了一个人格被扭曲的弄臣优施，他对宫廷内幕极为熟悉，而对种种人性有深刻的洞察又极工于心计，所以成为制造一系列宫廷内乱的主谋人物。后几卷以重耳亡命国外的流亡经历为线索，生动地塑造了重耳、狐偃、姜氏、僖负羁和他的妻子、寺人勃鞮、竖头须等一系列人物，有的叙述甚至比《左传》还详细。比如重耳在秦国的遭遇，《左传》仅仅一小段五行字阐述之，而《国语》却以《重耳婚媾怀嬴》《秦伯享重耳以国君之礼》两篇，以相当于《左传》八倍的篇幅详述了重耳在秦的经历，不仅反映了秦在当时已占十分重要的地位，对晋有很大的影响力；还通过秦穆公与重耳之间微妙的关系，刻画了秦穆公、重耳、怀嬴、季子、子犯、赵衰等人，如秦穆公女怀嬴倒水给重耳洗手，重耳洗完挥手叫她走开，怀嬴生气地说重耳轻视她，重耳竟吓得“降服囚命”，即解去衣冠将自己囚禁起来，听候处理。秦穆公知道后对重耳说：他虽然喜欢怀嬴，但既嫁给重耳，重耳就有权处置她。话虽如此说，重耳想推辞不要又不敢，最后只好纳上聘礼，亲自迎娶怀嬴。《国语》通过这样一件特定的事件，将重耳逃亡在外、小心翼翼不敢得罪人的心态刻画得入木三分，也让我们认识到晋文公霸业的来之不易。

《左传》。《左传》是中国历史上的第一部鸿篇巨著，记载了春秋时代及战国初的历史。全称是《春秋左氏传》，被归为解释孔子《春秋》的三传之一，但更多的人认为《左传》应是独立成书的一部著作。关于它的作者及成书年代也一直有争论。因为据说为左丘明所著，故称《左传》，但从其内容等来看，顾炎武认为非一人一时之作是有道理的。《左传》大约成书于战国前期。

《左传》是中国历史上第一部文史皆长的著作，它在文学上取得了极高的成就，特别是在叙述战争、塑造人物和语言表述上都达到了极高的水平。

在写战争方面。因为《左传》记载的是春秋时代的历史，而春秋时代是个急剧动荡的时代，战火连绵、厮杀不断。据《春秋》载：春秋二百四十二年间共发生大大小小的战争四百八十三次，平均一年两次。因此，战争成为这一时期的主题。而《左传》正是在写战争方面取得了令人瞩目的成就。第一，《左传》成功地把写战争与写人物有机地结合在一起，通过人物的言行活动来反映战争的性质、内涵，揭示战争胜负的原因。又通过战争这个特殊的环境来烘托、刻画人物，使得战争因人而精彩，人因战争而生动。比如鲁庄公十年（前 684 年）的“齐鲁长勺之战”，把鲁国的普通人曹刿与国君鲁庄公置于齐鲁之间的战争背景下，通过战争前后两人的问答、战争过程中两人的表现，不仅揭示了战争胜负的原因，将一场战争写得简洁明快，而且将曹刿的爱国忧民、沉着冷静、指挥若定和鲁庄公的庸碌无能刻画得十分生动。第二，《左传》写战争不是单纯地为战争而写战争，而是把战争置于广阔复杂的社会背景中，把战争与交战双方国内的政治、经济、外交及民心、士气等诸多因素联系起来，从而揭示出蕴涵于战争背后的深刻内涵。比如鲁成公十六年（前 575 年）的“晋楚鄢陵之战”，战前，楚军统帅子反去见申叔时，问楚军可否作战，申叔时给他指出作战必须具备的六种条件：“德、刑、详（祥）、义、礼、信”，它涉及政治、经济、宗教、民心等各方面，申叔时说楚国现在内部天怒人怨、上下离心，外部没有联盟，战必败。后来果如其言。

在塑造人物方面。《左传》是编年体，这就限制了它不能像以后的纪传体那样从容自如地刻画人物，但《左传》的作者仍以卓绝的才力塑造了一大批栩栩如生的人物。如鲁隐公元年（前722年）的“郑伯克段于鄢”，仅用了短短的五百字左右，就塑造了好几个各具特色的人物：既有政治家的老谋深算又有为人子孝顺可爱的郑庄公；开始一味偏袒宠爱次子共叔段，后又悔悟与长子郑庄公和好的姜氏；既狂妄又无能的共叔段，以及孝顺机智的颍考叔等。值得注意的是，《左传》为了弥补编年体的不足，已采用补叙、追叙的方法来集中地写人物，这已是类似于人物传记的写法了。比如在鲁僖公二十三、二十四年（前637—前636年）对晋公子重耳流亡过程的记载，它集中地叙述了重耳前后约二十年的逃亡经历，不仅极其生动地塑造了重耳这个人物，而且还有重耳的随从赵衰、子犯等以及季隗、姜原、僖负羁之妻、楚成王、刑徒寺人披、小臣竖头须等，无不栩栩如生，形于目前。

在语言的表述上，《左传》的成就也极高。既有长篇大论、滔滔不绝者，像鲁成公十三年（前578年）的“吕相绝秦”，晋使者吕相对秦的一番谴责决绝的说辞却以一种平静如水、不亢不卑的态度说出来，雍容大度而不带一丝烟火味、委婉有致而又有极强的说服力，令人叹服。又有言简意赅、传神点睛之语，如鲁宣公十二年（前597年）“晋楚邲之战”，晋师败绩，竞相争舟渡河逃命，《左传》仅用一句“舟中之指可掬也”，就将晋军溃逃之狼狈、战争之残酷尽现眼前。同年冬，楚军伐萧，时天寒地冻，楚王巡视三军，《左传》一句神来之笔“王巡三军，拊而勉之，三军之士皆如挟纩”，将三军将士受楚王抚慰后如沐春风、温暖在心的情态具体而形象地描述出来。正因为《左传》能以最简练的语言表达出丰富的内涵，所以其中的许多句子已成为千百年来流传的成语，如“多行不义必自毙”“众叛亲离”“风马牛不相及”“外强中干”“筚路蓝缕”“痛心疾首”“唇亡齿寒”“退避三舍”等等。

《战国策》。《战国策》是一部记录战国纵横家言行的史料集。作者可能为当时各国的策士及其门人弟子等，西汉时，刘向将它们汇集整理为一书，名《战国策》。

《战国策》以人物的游说活动为记叙中心，以记言为主，记事为辅，描绘了形形色色的人物群像。上自国君、太后，下至平民百姓、公子王孙、谋臣武将、说客策士、嬖臣宠姬等，尽纳其中。许多人物都刻画得生动传神。如在《苏秦始将连横说秦》一章中刻画苏秦及嫂子的形象。起初，苏秦说秦失败而归时：“羸縢履蹻，负书担橐，形容枯槁，面目黧黑，状有归色”。“归至家，妻不下纴，嫂不为炊，父母不与言”。于是苏秦发愤苦读，以锥刺股，学成后游说诸侯成功，天下从风而服，显赫无比。最后：“将说楚王，路过洛阳，父母闻之，清宫除道，张乐设饮，郊迎三十里。妻侧目而视，倾耳而听，嫂蛇行匍伏，四拜自跪而谢。苏秦曰：‘嫂何前踞而后卑也？’嫂说：‘以季子之位尊而多金！’苏秦曰：‘嗟乎！贫贱则父母不子，富贵则亲戚畏惧。人生世上，势位富贵，盖可忽乎哉？’”人物形象、逼真，而世态炎凉、人情冷暖也跃然纸上。

《战国策》中此类描述还很多，像“荆轲刺秦王”“冯谖客孟尝君”“触龙说赵太后”等等，无不精彩纷呈，成为千古名篇。

《战国策》以记言为主，所以在语言上也是精妙奇伟。一是善于铺垫和夸饰，像《齐策一》描述齐都临淄说：“临淄之途，车毂击，人肩摩，连衽成帷，举袂成幕，挥汗成雨，家敦而富志高而扬”。二是善用排比句，像《秦策一》：“毛羽不丰满者不可以高飞，文章不成者不可以诛罚，道德不厚者不可以使民，政教不顺者不可以烦大臣。”一连四个长句，层层推进、气势逼人。三是善用比喻，特别善用寓言故事作比喻，以增强说服力，像著名的“鹬蚌相争，渔翁得利”“狐假虎威”“画蛇添足”“惊弓之鸟”无不寓意深刻，脍炙人口。

（2）楚辞

楚辞是产生于战国后期的楚国的一种新诗体，楚辞即楚地的歌辞，因为是“书楚话，作楚声，纪楚地，名楚物”，故名“楚辞”。楚国是春秋战国时期南方唯一长期存在的大国，它不仅有自己的语言、文字、歌谣，还有奇异的山川风物，独特的风俗民情。而且信鬼祀神的巫风极盛，这些都为楚辞的产生提供了条件。楚辞的代表人物是屈原，其后还有宋玉等。

屈原（约前340—前278），战国时期楚国人，是我国古代伟大的爱国诗人，也是中国文学史上第一个伟大诗人。其作品有《离骚》《天问》《九歌》《九章》等。屈原出身于楚国贵族，生活在楚国由盛转衰的楚怀王时期，开始时受到楚怀王信任重用，参与楚国的内政外交，后受排挤被放逐。屈原看到自己的祖国日渐衰落、受别国特别是秦的侵凌，看到百姓饱受战火的摧残，内心焦虑痛苦万分，把一腔的爱国忧民之情注入笔端，写出了许多千古名篇。前278年，秦将白起攻破楚国首都郢，屈原眼见国破家亡、生灵涂炭，内心绝望已极，遂投汨罗江自杀。

《离骚》是屈原的代表作，它是中国文学史上第一首由诗人创作的长篇抒情诗，它表达了作者强烈的爱国主义精神和浪漫主义的情怀，其中像“朝饮木兰之坠露兮，夕餐秋菊之落英”“亦余心之所善兮，虽九死其犹未悔”“路漫漫其修远兮，吾将上下而求索”等，表达了诗人纯洁高尚的品德、至死不渝的爱国精神和追求理想的信念，成为千古传唱的名句。此外，《天问》也是中国文学史上的一篇奇文，屈原在诗中发出了一百七十多个疑问，涉及天地山川、神话传说、历史人物等各方面，既展示了作者的博学多才，又体现了其怀疑与挑战精神。

《九歌》是屈原对楚国民间祭歌进行加工创作而成，想象奇妙瑰丽，充满奇异神秘气息。其中像“帝子降兮北渚，目眇眇兮愁予。嫋嫋兮秋风，洞庭波兮木叶下”，“悲莫悲兮生别离，乐莫乐兮新相知”等无不简练传神、韵味深长。《九歌》中的《国殇》属其中别具一格者，它歌颂了楚国将士为国捐躯、慷慨赴难的英勇悲壮，洋溢着浓厚的爱国激情，格调雄健而意境壮美。《九章》则大多为流放之作，真实反映了屈原流放期间的经历与感情，像“鸟飞反故乡兮，狐死必首丘”等，反映了诗人深切眷恋故土、至死不忘故乡的感情。

屈原之后，还有宋玉等人，都继承了屈原的创作。后世把他们的作品通称楚辞。以屈原为代表人物的楚辞对中国文学产生了极为深远的影响，他的忧国忧民的爱国精神为后世优秀诗人所继承，而他开创的浪漫主义创作方法，为中国文学开辟了继《诗经》现实主义方法的又一深远传统。楚辞与《诗经》同为中国文学史上最早的两座丰碑。

（3）诸子散文

《论语》和《孟子》。《论语》是孔子的弟子记孔子言行的书，以记言为主，是语录体散文。全书全用口语，浅显易懂，且富于文采。其特点是语言简练而用意深远，像

“岁寒，然后知松柏之后凋也”，“三军可夺帅也，匹夫不可夺志也”，“逝者如斯夫，不舍昼夜”，“己所不欲，勿施于人”，“知者不惑，仁者不忧，勇者不惧”，“三人行，必有我师焉，择其善者而从之，其不善者而改之”等等，无不朴素无华而意味隽永，千百年来脍炙人口。此外，《论语》还善于在记言的同时表述人物的神态、展示人物性格形象，如《阳货》中的一章：“子之武城，闻弦歌之声。夫子莞尔而笑曰：‘割鸡焉用牛刀?’子游对曰：‘昔者偃也闻诸夫子曰：君子学道则爱人，小人学道则易使也。’子曰：‘二三子！偃之言是也。前言戏之耳。’”孔子的弟子子游在武城做官，孔子到武城听到了弹琴唱歌的声音，孔子微微笑着说：杀鸡何必用宰牛的刀?（意：治理这个小地方还用教化吗?）子游反驳说：以前我听老师说过，君子学习了便会有仁爱之心，小人（百姓）学习了，就容易听指挥使唤。孔子马上承认错误，对学生说：你们几个听着，子游的话是对的，我刚才只是开玩笑而已。这段对话既诙谐、又严肃，孔子的风趣、子游的诚笃以及师生之间的平和愉悦之情宛然可见。

《论语》作为一部优秀的语录体散文，又由于孔子的地位，对后世的散文发展有着深远的影响。

《孟子》是孟子及其弟子所著。《孟子》比之《论语》，已经由简明的语录体发展为长篇大论了。《孟子》散文的特点是气势充沛，言辞机敏，长于雄辩。像“天时不如地利，地利不如人和”，“得道者多助，失道者寡助”，“天将降大任于是人也，必先苦其心志，劳其筋骨，饿其体肤，空乏其身”，“富贵不能淫，贫贱不能移，威武不能屈”等，无不既富哲理又气势豪放，读起来铿锵有力。

孟子的文章还善于比喻，层层深入，如《告子》上：“鱼，我所欲也，熊掌，亦我所欲也；二者不可得兼，舍鱼而取熊掌者也。生，亦我所欲也，义，亦我所欲也；二者不可得兼，舍生而取义者也。”文章要讨论的是正义重于生命这样一个重大的问题，却用生活中可能遇到的鱼和熊掌的取舍来开头，层层深入，既通俗易懂，又极具说服力。《孟子》还善于用寓言来增强感染力和说服力，如用“揠苗助长”说明欲速则不达的道理，用“五十步笑一百步”说明治理国家不在形式上而在实际内容上等。

《老子》和《庄子》。《老子》之文在先秦诸子中独标一格，语言平直简约而又意旨深远，发人深省，如“祸兮，福之所倚；福兮，祸之所伏”，“大器晚成，大音希声，大象无形”，“大成若缺，其用不敝。大盈若冲，其用无穷。大直若屈，大巧若拙，大辩若讷”，“合抱之木，生于毫末；九层之台，起于累土；千里之行，始于足下”，“知其荣，守其辱，为天下谷”等等。《老子》还善于用比喻，用具体的形象表现抽象的东西，如“治大国若烹小鲜”，将治理国家比喻为煎煮小鱼，虽然一至大、一至小，但道理是一样的。“天地不仁，以万物为刍狗”，刍狗是用于祭祀的用草扎成的狗，用来说明天道本自然，并不存在仁爱之心，它把万物当成刍狗，任其自生自灭。“三十辐共一毂，当其无，有车之用；埏埴以为器，当其无，有器之用；凿户牖以为室，当其无，有室之用。”三十根辐条环绕组成车轮，因为空虚不实，所以车轮滚动得快；用黏土制作器皿，在那空虚的地方，才可容纳东西；开凿门窗建造房屋，因为里面空虚，才可以住人。老子用这些器物来说明虚与实的关系，实之所以有用，是因为虚，所以“大盈若冲”，“冲”即虚。所以老子又说：“玄牝之门，是谓天地之根。绵绵若存，用之不勤。”“勤”即尽，老子把道造化天地万物比做雌性的生殖器，因为它是空虚的，所以能孕育生养万物，绵绵不尽。想象奇特而比喻生动。

《庄子》的散文文学成就，集中体现在其寓言创作上。《庄子》一书中有近三百则大大小小的寓言故事，庄子以超凡出尘的构思、神奇怪异的想象和虚妄荒诞的寓言来表达和寄托自己的思想。比如用鲲鹏的飞行来说明逍遥的含义，用“庖丁解牛”来说明养生的道理，用大而无用的栎树来说明无用才是最大的用处，用南海之帝和北海之帝好心为中央之帝混沌开凿七窍，结果使混沌开窍而死的寓言来说明人为的非自然的东西终会毁灭自然等等，实在是异想天开、奇妙无比。后人评价《庄子》的风格是“汪洋恣肆”。《庄子》的创作在整个中国文学史上都是独树一帜的。

《荀子》与《韩非子》。《荀子》的散文重于议论，其议论散文结构完整、论证严密、环环相扣，具有很强的说服力。比如《劝学篇》，先从总体上说明学习的重要性，随后从正、反两面论述学习的具体作用，再后论述学习中应注意的种种事项，最后归纳到学习态度上。首尾贯通，浑然一体。而且其文讲究修辞，善用比喻，如《劝学篇》，用“青，取之于蓝，而青于蓝；冰，水为之，而寒于水”来比喻后天学习的重要性；用“不登高山，不知天之高也。不临深谷，不知地之厚也。不闻先王之遗言，不知学问之大也”比喻只有虚心学习，才知道自己的不足；用“锲而舍之，朽木不折。锲而不舍，金石可镂”比喻学习要坚持不懈，有恒心毅力就一定会达到目的。

荀子还可称得上是个文学家，他创作的《成相》与《赋》篇已可算严格意义上的文学作品。《成相》是用类似于后世民间说唱形式写成的一篇韵文，陈述了古今治乱兴亡之故和他的人治政治理想，通俗易懂、朗朗上口。而《赋》篇则被视为赋体始祖之一，荀子是以赋名篇的第一人。它以设谜的形式，围绕谜底铺陈形容，最后揭示谜底。内容以训诫为主。它对汉赋的形成发展，影响极大。

《韩非子》。韩非因为讷于言，不善人际交往，故长于冷静观察和深入思考。其散文锋芒锐利、议论透辟，推理事理，切中要害。亦善于借助于寓言和故事来表述自己的观点，如用“守株待兔”讽刺那些用先王之道治当今之世的人，用“郑人买履”讽刺墨守成规、崇拜教条之人，用“滥竽充数”揭露那些不学无术却装模作样之人等等。韩非还长于分析，在某些方面已开心理学之先河，比如《说难》，无微不至地揣摩所说者的心理，反复分析、层层深入，极周密细致，无以复加。

2. 艺术

音乐舞蹈。春秋战国时期是个礼崩乐坏时期，原来旧的一套正在衰微，新的一些东西正在兴起。对于音乐舞蹈来说也是个转变过渡时期。这一时期，以“郑、卫”之音的“新声”兴起，它比之原来的“雅乐”要显得通俗活泼、节奏明快，给人的感官刺激更强，渐渐得到上至诸侯国君、下至平民百姓的喜爱。与之相应的是伴奏的乐器、舞蹈也随之变化。伴奏的乐器原来以打击乐器为主，现在则以丝竹乐器为主，诸如瑟、琴、笙、竽等，像齐宣王、齐湣王都好听竽，故有“滥竽充数”的故事。舞蹈方面，表演性的舞蹈日趋精巧、华丽，并出现专业化倾向。当时的王室和贵族豪门中都有专业艺人，主要是女乐和倡优，她们多来自民间下层。所以专业歌舞艺人在这一时期大大增加。当然她们地位很低，既是王室贵族寻欢作乐的工具，又往往成为政治斗争的工具和牺牲品。春秋时，秦穆公为了战胜邻国西戎国，给戎王送去女乐二十八人，诱使其沉溺于声色享乐之中。女乐们有时还需进行一定的专业训练，湖南长沙黄土岭战国墓中，出土了一个彩绘舞女漆奁，图中三个女子正在作侧腰练习，中间有一年长女子卷袖执鞭，表情严厉。舞蹈者多穿着长袖舞衣和尖尖的无跟舞鞋，“长袖善舞”。洛阳金村战国古墓出土的玉雕舞女佩饰，两个舞女，穿长袖舞衣、细腰长裙，一袖飞舞于头上，一袖拂垂于腰侧，两人相对而舞，舞姿优美生动。

此外，这一时期南方的巫舞十分盛行。屈原的《九歌》就生动地反映了南方巫舞的盛况。巫舞中，头戴面具以舞蹈的形式驱鬼逐疫的称“傩舞”，湖北随州战国曾侯乙墓内棺左右两侧的漆绘图案上，有十六个傩舞怪人，均为大头、方面、戴角，双手执戈，口张大，以戈柄击地顿足而舞。

曾侯乙墓中还出土了举世闻名的曾侯乙铜编钟。共六十五件，钟架分上、中、下三层，经过对整套编钟每钟两音的测定，从低音到高音，总音域跨五个八度之多。在中心音域三个八度的范围内，十二个半音齐全。通过试奏证明，它已能演奏采用和声、复调和转调手法的乐曲。

3. 绘画与书法

绘画。春秋战国时期是中国绘画走向成熟时期。应该说，真正意义上的绘画出现在这一时期。据史籍载，孔子曾在东周的明堂中观看过壁画，上有圣君尧、舜和暴君桀、纣的形象，还有周公辅成王、周王召见诸侯的图像，前者应是人物肖像，后者则是有一定情节的图画。此类的图画到战国更有发展，如屈原在《天问》中反映的楚国先王庙宇及公卿祠堂里的壁画，内容异常丰富，从邃古之初宇宙形成的创世故事、四方八极的神话传说到夏商周三代的历史，已具有史诗的性质。可惜的是这些画像我们都见不到了。我们能见到的人物肖像是帛画。1949 年长沙陈家大山楚墓出土了帛画《人物夔凤图》，纵 28 厘米、横 20 厘米，画一女子侧身而立，头挽垂髻，细腰大袖，长衣曳地，双手前伸作合掌状。女子前上方，画有夔龙和凤鸟各一。专家认为，画中女子应为墓室主人。1973 年长沙子弹库楚墓中出土了帛画《人物御龙图》，纵 37.5 厘米、横 28 厘米。画上一男子侧身直立，峨冠大袖，腰佩长剑，手执缰绳，驾龙遨游，龙首高昂，龙尾上站一鹭，仰首向天，龙身下有一鲤鱼，上方还有舆盖。人物衣着及手执的缰绳均有飘带，仿佛随风拂动，造成一种飞行的动势。这两幅帛画，均以单线墨笔勾勒，《人物御龙图》还加以平涂渲染设色，这一基本的绘画形式与技巧，是我国绘画的基本特征，一直沿用至今。这也是我们能见到的我国最早的人物肖像画。

而人物画像类纹饰也是出现在这一时期，河南汲县彪镇出土的一对铜鉴外壁。嵌错着《水陆攻战图》，有图像 40 组，292 人，表现出格斗射杀、划船、击鼓、送行等场面，形象逼真，情节连贯而富于变化。

书法。中国文字独特的结构与造型使得其书写能够发展成为书法艺术。中国目前所能确认的最早文字为商代的甲骨文，而甲骨文本身已具备了中国书法的三个基本要素：用笔、结字、章法。它的每个字都有均衡、对称、稳定的格局。当然，甲骨文是用刀刻的，反映不出墨书笔意。到周代的金文，则因要先书写再模刻在范上，而后铸出来，所以较多地保留了原来的笔意。西周金文的书法风格可分为早、中、晚三期。早期的可以康王时的《大盂鼎》为代表，笔画不露锋芒，章法渐趋整齐，既端庄恢宏又瑰丽谲奇。进入中期风格有很大变化，字体大小一致，笔画均匀，行款整齐。以共王时的《史墙盘》为代表，字体遒劲秀美。后期字体更规范，字行之间还有打成界格书写的。其特点是体势纵长，笔画圆腴，章法严谨，以《毛公鼎》《虢季子白盘》等为代表。

春秋战国时期，由于文字各异，所以书法也呈现出各种风格。金文方面，秦国字体方正，笔画瘦劲。齐鲁则盛行细长之体，清新秀丽。晋国一度盛行所谓“蝌蚪文”，形体尖头肥腹，形似蝌蚪。而南方的楚吴越等国则崇尚“鸟虫书”，笔画某些部分用鸟形来装饰，或加鸟头，或拖长尾，奇诡多变，难以辨识。书写方面则主要是出土的简牍帛书。这是我们能看到的古人最早的墨迹了，其特点是笔画清晰，起笔收笔尖锐而中间稍粗，显得流美飞动。为了便捷，书写草率一些，且形体趋于扁平，已接近后世的隶书。

战国时代秦国的石鼓文是石刻文字的代表，它是中国书法籀书向小篆过渡的一种形态，在中国书法史上具有承前启后作用。其结字严谨，用笔首尾圆合，粗细一致，布局匀称，浑厚古朴。

第六章　风　俗

一、原始时代的风俗

1. 衣食住行

服饰。原始人最初的衣服应该是树皮、兽皮之类，而能将树皮、兽皮连缀起来的工具——针，出现在旧石器时代晚期。在山顶洞人的遗址中发现了一件骨针，残长 82 毫米，最大直径 3.3 毫米，针尖锐利。在辽宁海城小孤山仙人洞也发现几件骨针，针眼用两面对钻的方法做成。有了针，就可以将树皮、兽皮等连缀成衣服了。而从民族学的资料看，人类早期的衣料基本有两大类：植物类有草叶、树叶、树皮以及植物加工品，动物类有兽皮、毛、鸟羽等。

进入新石器时代后，人们开始能够用布料来缝制服装了。纺织技术应是从用植物的皮、藤等编织技术发展而来。同时原始人还发明了用来捻线的工具——纺轮。在新石器时代早期的裴李岗文化、新石器时代中期的河姆渡文化中，都发现了形式繁多的陶制纺轮。在西安半坡等遗址发现了印有布纹的陶片或陶钵，在江苏吴县草鞋山遗址还发现有葛布。这说明当时已用麻葛做衣料。而用丝织品来做衣服的材料，则从新石器时代后期就开始了，良渚文化遗址曾出土了苎麻织物和丝织品的残存。在西北地区的齐家文化遗址中发现了陶罐腹部刻有六条蚕，有嘴巴、眼睛，还有蚕体的肢节，每条蚕都以不同的姿势蠕动，形象极其生动，说明作者对蚕已十分熟悉，也说明北方也有了丝织。

装饰品的出现，现在所知最早的是在山顶洞人遗址出土的，发现有很多的钻孔小砾石、穿孔兽牙、石珠等。说明至少从旧石器时代晚期起我国的原始人就开始戴装饰品了。从民族学的资料看，人体的装饰品起初并不是为了好看，而是为了实用，或者为了生产劳动，如兽牙可用来采集、缝纫等，正如藏族妇女腰带上挂一钩饰，是为了挤牛奶时防止奶桶倾倒，用来钩住奶桶提梁一样；或出于宗教目的，如为了避邪等。到了新石器时代，装饰品就各种各样、精彩纷呈了，在我国新石器时代的众多遗址中发现了各种不同质地、不同造型的佩饰，多数用玉石、玛瑙、水晶、翡翠制成，造型多呈龙、虎、龟、鸟，还有呈圆形、三角形等几何图形的。

饮食。人类最早的饮食，当是茹毛饮血，即生食。即使在学会了用火以后，茹毛饮血现象还应是大量存在的。因为在人工取火技术发明以前，火种的保存是很困难的。我国远古人类用火的时间可远至一百七十万年前的元谋猿人时代，在元谋猿人的遗址中发现有用火的遗存，还有被火烧黑的骨头。但可看出，遗址中用火的遗存并不多。而到北京猿人时期，就发现了大面积的、堆积极厚的用火遗存，最厚的灰烬层达六米，说明北京猿人已基本熟食。据推测，北京猿人是采取不间断地燃烧篝火的方式来保存火种的。

旧石器时代晚期，我国原始人的饮食取得了重大进步。这一时期，发明了人工取火的方法，从而彻底告别了茹毛饮血的时代。同时，狩猎技术有了巨大的进步，这一时期发明了弓箭，在许家窑等遗址中还发现了大量的匀称滚圆的石球，这两种都是狩猎的有力武器，它使得人类肉食的比重大大增加。在许家窑遗址发现了数以吨计的动物骨骸，仅野马遗骨就有三百多匹，而像野马这样大型的、奔跑迅速的动物能被如此大量的捕获，显然，能投掷的石球功不可没。同时，这些动物遗骨没有完整的，都被砸碎，说明人们已砸碎骨头吸食骨髓了。

旧石器时代还存在食人之风，北京猿人遗址发现的人类遗骨多为头盖骨，很少见到其他部分的骨骼，且头盖骨上也多有伤痕。许家窑人遗址所发现的人类遗骨，也都是破碎的，这些都应是食人之风的反映。

到新石器时代，我们祖先的饮食习惯发生了极大的变化。首先在食品结构上，随着农业的产生、农作物的种植，食物的种类极大地增多，除了粟、黍、稻等，在河姆渡文化遗址中发现有成堆的菱角、酸枣、薏仁米、葫芦及菌类等，在良渚文化遗址发现有花生、芝麻、蚕豆等的种子。在半坡遗址中发现的小罐中，还储存有芥菜或白菜的种子，说明蔬菜在人们的饮食中已有了一定的地位。其次是烧制方法的改变。随着陶器的发明，大量的陶制炊具和食具出现，食物的烧制也由旧石器时代的烧炙到新石器时代改用炊具进行烹饪了。其三是在食物加工方面。随着农业的产生、农作物的种植，谷物加工也成为必需。在前期，主要是利用石磨盘和石磨棒，在裴李岗文化、磁山文化遗址中都发现了大量的石磨盘和石磨棒，裴李岗发现八十八件、磁山发现一百三十七件。裴李岗文化遗址发现的石磨盘还有四个足，以保持平稳、不易滑动。到后期，谷物加工工具则以杵臼为主，杵有木杵、石杵，臼有木臼、陶臼、石臼、地臼等，地臼是掘地为臼。杵臼在河姆渡文化、仰韶文化遗址都有发现。

原始时代的人们都是依水而居的，最早饮的是江河湖泊中的水，后来发明了人工挖井取水。河姆渡文化遗址以及良渚文化、龙山文化遗址都发现有人工水井。饮酒则在新石器时代就开始了，种植业的出现应该是酿酒的前提。

在大汶口文化、龙山文化、屈家岭文化和良渚文化遗址中都发现了大量的酒器，以陶制的为主，也有木制酒器。有杯、尊、觚、盉、壶等等，且数量极多，像山东邹县野店大汶口遗址出土陶制的各种酒杯一百四十八件，占出土陶器的总数的近四分之一，说明当时的饮酒之风还是比较盛行的。

居住。一般来说，在旧石器时代，我国的原始人都穴居、巢居，穴居就是住在山洞里，南北都有，比如北京猿人住的山洞、山顶洞人遗址，还有辽宁喀左县的鸽子洞、江西万年县的仙人洞等等。到旧石器时代晚期，穴居的条件有所提高，像山顶洞人居住的山洞，已分为洞口、上室、下室、下窨四个部分，上室居住，下室为安葬死者的地方，下窨为储藏食物的仓库。巢居是在树上搭巢为屋，主要在潮湿的南方。从新石器时代开始，人们逐渐学会了给自己建造房屋居住。一开始是半穴居的房屋，后来出现了地面建筑。半穴居式房屋是先在地面上挖一个深约半米左右的坑，然后在上面搭盖房屋。地面和墙壁一般抹以草泥，有的还经烧烤，以防潮。室中央为火塘，火塘一侧或两侧有一块高出地面的土台作为床铺。半穴居多在北方。南方则多为干栏式建筑，即先在地面打上一米左右高的木桩，然后在木桩上铺木板，搭盖木构架房屋，以防潮湿和蛇虫之害。

与居住有关的简单生活设施在新石器时代已有发现。

北方半穴居房屋以高出地面的土台为床榻，南方干栏式建筑其楼板本身就起着床榻的作用，在河姆渡文化遗址中还发现当时已使用竹席。在湖北黄冈螺蛳山的屈家岭文化遗址中出土了一件石枕，这是目前发现的最早的枕头。

在河姆渡文化和仰韶文化的遗址中都发现了可移动的陶灶。

在江苏常州圩墩新石器文化遗址中还出土了的一件木制菜板，呈长方形，四周有槽，是为了切菜时食物不掉到地上，且有槽的木板不易干裂。

行旅。人类最早的辅助交通工具是木棍，它既可做长途跋涉时的拐杖，又可做背扛物品的工具，还可用作防身。陆上可以行走，而江河湖泊则成为交通的障碍。于是原始人类开始寻找渡河的工具。最早的渡河工具应该是葫芦，把它捆在身上增加浮力用以渡河。再往后就发明了独木舟。从考古材料看，至少在新石器时代，我们的先民就发明了独木舟，在河姆渡文化遗址里出土了一柄用整木刮削制成的木桨，而类似于独木舟的用陶制作的陶舟模型，则先后在辽宁、湖北等地的新石器时代遗址中发现。木桨和陶舟模型的发现，说明当时已使用独木舟。而从民族学的资料可知独木舟的制作方法：先采伐一棵粗大挺直的大树，取其树干，然后在树干上将制独木舟需要的部位用湿泥抹涂，用火烧烤未抹涂部分，烧烤焦后再用石斧等将烧焦部分砍凿掉，就基本制成了。

渡河还有桥，最早的桥当为“石杠”，即把大石头成列地摆放在河水中，使人们踏石过河。如果在石杠上放置树干，就是独木桥了，如果放上石板，就成石板桥了。从民族学的资料看，这些在原始时代都是可能的。

2. 婚丧风俗

婚姻。原始人类最早的婚姻状况，即在旧石器时代早期，是“血缘家族”。“血缘家族”排除了动物式的杂婚，即上一代与下一代的婚姻关系，但同一代人之间，也就是兄弟姐妹之间可互为夫妻。

到旧石器时代中期，人类认识到兄弟姐妹之间互为夫妻的害处，于是排除了兄弟姐妹之间的婚姻关系，发展为族外群婚，即一个氏族的全体男子与另一氏族的全体女子互为夫妻。这种婚姻关系，一直延续到旧石器时代晚期。因为这样的婚姻关系男女双方并不固定，造成了“知其母不知其父”的现象，世系只能按女方计算，由此产生了母系氏族社会。

无论是血缘家族，还是族外群婚，它们的表现形式多为野合形式，这一点，可从考古发现的各处岩画的野合图证明。在宁夏贺兰山的岩画、内蒙古阴山的岩画上都有不少野合图。在广西宁明花山、龙州沉香角也均发现有野合图。

进入新石器时代，随着生产力的发展，氏族人口的增加，氏族组织的不断分衍，活动范围也不断扩大，氏族之间的群婚已很难维持了。于是出现了对偶婚。它是群婚向一夫一妻制过渡的一种婚姻关系，经历了“望门居住”和“居妇家制”两个阶段。“望门居住”是采取男方上门到女方家拜访的形式，住几天就走。“居妇家制”是男方住在女方家，时间可长可短。这种婚姻关系我们可以从民族学的资料得到证实。云南处于母系氏族的摩梭人把同居的朋友、性朋友称为“阿注”，他们的婚姻形式包括两种，一种是走婚的方式，类似于“望门居住”，男女双方在劳动、集会、娱乐场合相逢，彼此看中，就可以建立“阿注”关系。当天晚上男子即可拜访女子，一般住一夜就辞别女方回家，晚上再去。双方若有一方不愿交往了，马上就可以分手。另一种是“阿注”同居，男方不仅夜里在女方家居住，白天生产、生活也在一起，类似“居妇家制”。

到母系氏族社会晚期，亦即新石器时代晚期，随着生产力的进一步发展，身强力壮的男子逐渐成为生产的主力军和社会财富的主要创造者，但因为在“居妇家制”婚姻中，他们又不算女方氏族的成员，他们创造的财富既不能归自己所有，又不能传给自己确凿不疑的后代。为了改变这种状况，他们必须首先改变婚姻关系，实行男娶女嫁，将女子娶到家中来。但刚开始女子肯定是不愿意的，于是只好采取抢婚的形式，将女子抢到家里来。按《说文解字》的解释，“婚”字是因为“娶妇以昏时”，“故曰婚”，即在夜间成婚，也就是在晚上偷袭抢婚。这一习俗在我国的很多少数民族中都有，如彝族、傣族、纳西族、苗族、瑶族、蒙古族等，都有抢婚遗俗。

丧葬。原始人的丧葬目的和现代人不同，现代人的丧葬是为了寄托生者的哀思，诚如古代西方哲学家所言：死人是生者的痛苦，而非死者的痛苦。而原始人因为灵魂崇拜，相信人死了以后灵魂不死，所以原始人的丧葬是为了安置死者的灵魂。我们现在所知的，原始时代最早的原始人埋葬的例子是旧石器时代晚期的山顶洞人。他们把死者置于自己居住的洞穴中，并且佩戴着装饰品，身旁放着生产工具，显然是相信死者灵魂未死。同时，尸体周围还撒了一圈赤铁矿石粉，这应该是某种祈祷仪式，因为能够驱赶野兽、带给人温暖和熟食的火是红色的，而代表活力的血也是红色的。像这种洞室墓葬在属于新石器时代初期的江西万年仙人洞、广西桂林甑皮岩、黑龙江依兰倭肯哈达等地均有发现。

从新石器时代早期以后，原始人开始把墓葬安置在居住地附近，且多为公共墓地，一般是长方形的墓坑。而东南沿海的福建、广东等地还出现了在贝壳堆积层中挖坑葬埋的习俗，被称为“贝丘墓葬”。从新石器时代中期开始，棺开始出现，较早出现的是陶棺，体型较小，是作为小孩的葬具的，多埋于住处附近，不进入公共墓地。陶棺盖或底部留孔，显然是让灵魂出入的。随后石棺、木棺出现，石棺极少，大多为木棺，山东的龙山文化已出现棺椁制度，有一棺一椁。

墓葬方式上有两次迁葬的。同时埋葬时头的朝向也是有讲究的，不同地区不同时期的头朝向不尽相同，显然同其信仰有关。

二、夏商西周时期的风俗

1. 衣食住行

衣。夏代人穿什么衣服，怎么穿衣服，因材料缺乏难考。但从河南偃师二里头文化遗址中发掘出的铜器、玉器表面附着的纺织物来推测，贵族以丝麻为服饰材料，百姓则为粗麻布。贵族还佩有镶嵌绿松石片的兽面铜牌或绿松石项链等饰品。至商代，其衣料当和夏代差不多，其穿着打扮则可以从甲骨文和出土的人像看出，是上衣下裳，衣为交领右衽的短衣，除了衣外还有裘，即将兽皮（毛朝外）裁缝缀成直领右衽的上衣。裳即是一种短裙子，不论男女，都穿这种短裙，所以古人屈身的时候要跪行，坐的时候跪在自己的脚后跟上，两膝并拢，才不致露出下体。如果坐的时候两脚向外叉开，形如簸箕，古人称为“箕踞”，就会露出下体，这是非常不礼貌的，而且是对别人极大的污辱。《史记》里面写荆轲刺秦王时说，荆轲对秦始皇“箕踞以骂”，可见战国时代仍是这种打扮。为了避免腿部寒冷，又用窄幅布条从腿到膝缠绕几层，称为“邪幅”，相当后世的裹腿。商代已有帽子和用麻葛制成的履，即鞋。周代的服饰打扮和商代差不多，但等级差别更大，贵族一般以丝、帛、裘、毛为衣料，还要佩戴各种玉饰，而百姓则以麻、葛、粗毛为原料，粗麻、粗毛织成的短衣叫“褐”。在戴帽上，周王和贵族戴冕、弁，士戴冠，一般平民则戴巾、帻。

食。商周人所吃的粮食主要有黍、稷、粟米等，将之舂去壳后煮食。食具方面，分烹饪器、盛食器和餐具等，烹饪器有釜、鼎、鬲、甗、甑等，其中像鼎、鬲、甗，又为礼器。鼎分三类，一是镬鼎，用来煮肉；一是正鼎，用来盛镬鼎煮熟的肉；一是羞鼎，用来盛调味羹，因为前面煮熟的肉是无滋味的，需用调味品佐之。鬲为圆颈大口三足，用来煮粥。甗和甑是用来蒸饭的。考古发掘，出土的甗、甑甚少，而鬲等甚多，说明当时大多数人是以粥为主食。盛食器有盂、簋、箪等。盂为大型盛饭器，相当后世的大饭盆，盂除了盛饭外还用来盛水。簋比盂小，相当后世的大饭碗，先装入盂，再装入簋。箪近似后世的竹篮、竹筐，是盛干粮的。餐具有碗、箸等，碗有木、陶、瓷碗等，考古中曾出土过西周时期的原始瓷碗。箸即筷子，在商周时已有，不是用来吃饭，是用来吃菜的，吃饭用手抓。

饮酒在夏代就比较盛行，当然多为贵族。二里头遗址墓葬中随葬的陶器最多的是酒器，可见当时的贵族盛行饮酒之风。商朝则更盛行，且酒器品种繁多，制作精美。周朝人认为酗酒是殷商亡国的重要原因之一，故在周初稍好，但以后饮酒之风亦大为盛行。

住。夏代二里头遗址发现有土木建构的、有夯土台基的比较宽敞的房屋，显然为贵族所住；也有狭小简陋的窑洞式、半地穴式建筑，则为平民百姓的住处了。商代的平民百姓也住在半地穴式的房屋中，地面上一般用土坯垒砌或采用版筑法建造，而贵族所居宫室则一般要挖一米多深的地基，填土夯实至高出地面一米左右，作为防潮干燥的台基，宫殿为四周有回廊的前堂后室的大寝殿。西周早期的王家宫室，近似四合院，大门以南四米有夯土筑成的带顶盖的影壁，门两侧各有房三间，门内有庭院，庭院北部为主体建筑堂，堂左右有厢房，堂后有东、西两个小院。瓦在那时已普遍使用。但西周的平民百姓仍以半地穴式住房为主。商周时期贵族室内的摆设以席、几为主，席往往铺双层或多层，几仅放东西和作为凭依。而床则是贵族和平民都有的。

行。可以肯定夏代已有车，虽然考古发掘中未发现夏代车的实物，但从史籍记载中可看出。《史记》说大禹治水时“陆行乘车”。夏代还设有专门负责制造、管理车辆的“车正”之职。至商代则已有确凿的车辆，在甲骨文、青铜器铭文中均有象形的“车”字。从殷墟遗址中先后发现了十八辆车的遗迹，考古工作者经过努力已使之复原，让我们能够见到商代车辆的样子：独辕，车轮辐条为十八根，车厢为长方形，大概可容二至三人，衡为一米左右的直木棒，衡两侧各缚一人字形轭，用以架马，一般为一车两马驾辕，商末周初始见四马驾车。商代这种独辕车的结构一直至汉以前，沿袭了一千多年。商代的交通还是比较发达的。甲骨文的“行”字就是四通的道路之形。商代的舟船也有突破性的发展，在原始社会后期独木舟的基础上创制出了用数块木块组装的木板船，这一发明为船的发展提供了极大的空间，也为人类走向江河海洋迈出了关键的一步。当然这种初创期的木板船是非常简陋的。

周代的交通比之商代有了很大发展，道路更多、更好，马车出现了四马驾辕，速度更快。西周时期不但贵族有装饰华丽的车，一些百姓也有简陋的车。从《诗经》上说的“造舟为梁”看，当时已经能够系船架板连成浮桥了。周王室拥有不少船只，还设了专门的官员管理。

2. 婚丧风俗

婚姻。有关夏代的婚姻资料很少，但我们可以从原始社会末期的考古材料来推测夏代的婚姻状况。山西襄汾陶寺发现的属龙山文化晚期的墓葬，在很多大型墓两侧分布着同时期的中型墓，墓主都是女性，从墓位上判定，她们是大墓墓主的妻妾，属一夫多妻而异穴。山西夏县东下冯遗址还发现了一男二女同穴合葬的现象。这些女性多半为殉葬的。由此可以看出，当时男女社会地位极不平等，而且是一夫多妻制。另外从一些史籍记载可看出，大禹当有多妻。

同时，由于原始社会遗风的影响，整个夏商周时期都存在“烝”“报”婚制。所谓“烝”，就是儿子在父亲死后可娶庶母、后母的婚制；所谓“报”，就是侄子可娶伯父、叔父的妾为妻，以及弟弟在兄长死后可娶寡嫂为妻的婚制。像夏代后羿之子浇就与其寡嫂同居。

在夏代，婚姻特别是王室贵族的婚姻已带有极强的政治性，往往利用婚姻方式团结诸族，以加强巩固其统治。少康就通过联姻的方式，取得了有虞氏的支持，最终得以复国。夏王室还往往通过婚姻联姻的方式，招至四方部族的归附。

商代的婚姻大致与夏代相似，权贵多妻制是普遍现象，而多妻不仅反映男女不平等以及着眼于生育的考虑，更有政治上的原因，因为多妻主要来自别族，所以多妻即意味着与多方联姻，可联络、加强各方之间的合作关系、壮大巩固势力。商王的多妻，亦有同样的目的。凡娶妻多的商王，多为国力强盛的时期。商王室亦把联姻作为团结、笼络异族方国的手段，而臣属于商的各地方国、氏族，也往往主动嫁送女子与商王室，以稳固双方的关系。

商代一般平民的婚姻关系，比较随便，两性关系亦较自由。但贵族的婚姻就要讲究很多礼节了，从甲骨卜辞看，已有议婚、订婚和举行婚礼时的送迎之礼了。

西周因为受到分封制和宗法制的影响，在婚俗上也有了嫡庶之分，这样，对“正妻”的选择和迎娶就特别隆重。此外，一夫多妻制体现在诸侯身上时，变成了诸侯娶一国之女时，不仅嫁女这一国有陪嫁的媵妾，而且其他诸侯国也可有女随嫁，作为媵妾。

周代的婚礼仪式基本上是按“六礼”来进行：

“纳彩”。男方首先请媒人执雁向女方家提亲，雁是作为礼物送给女方家的，称“纳彩”。在周代，媒人是不可缺少的，所谓“父母之命，媒妁之言”。

“问名”。女家若接受了礼物，媒人就可以询问女子的姓名了，称为问名，女方要设酒款待。

“纳吉”。男方得知女子之名后，要进行占卜，看婚姻是否吉利，若获得吉兆，便派媒人再次执雁为礼，告知女家，称为“纳吉”。

“纳征”。此时双方婚约已定，所以男方要派媒人把黑色的帛、成对的鹿皮等礼物送到女方家，称“纳征”。

“请期”。男方再派媒人执雁向女家请问完婚的吉期，女家要再三推辞，然后媒人将男方卜选的日期相告，双方商量确定。

“亲迎”。到了婚期，新郎要带上雁，亲自到女方家迎接新娘，待新娘上车后，由专人驾车，新郎要先赶回自家门口等候新娘，称“亲迎”。婚礼上，夫妻双方还要饮“合卺”酒，即把一个瓢葫芦一剖为二，作为酒杯，夫妻各拿一半，用来饮酒。次日清晨，新娘要去拜见舅姑（即公婆）。

在婚礼的仪式中，男方要一次次地送雁，是因为一者雁是候鸟，顺乎阴阳，来往有信，以明信用；二者雁难捕获，能捕雁说明男方壮勇英武，能骑马射箭。

由于两性地位的不平等，周代特地为妇女订了“七出”之罪，即妻子只要犯了这七条规定，就可以出之，把她赶回娘家。这“七出”是：（1）不顺父母，即不孝顺公婆。（2）无子，不能生育。（3）淫乱，不守妇道。（4）嫉妒，即对男方纳妾等嫉妒。（5）恶疾，即患有较重的疾病。（6）多言，即多嘴多舌生是非。（7）盗窃，就是偷窃家庭财产。

但除了“七出”外，也定了“三不去”，即女方有以下三种情况的男方不得休弃：一是无所归，即女方已无家可归；二是女方曾尽心服侍公婆的；三是男子结婚时尚贫贱，以后富贵了不得休妻。

丧葬。夏商的丧葬和原始时代一样，“不封不树”，即不起坟封，只与地面平。夏代送葬时，要用白色的熟绢将旗杆缠绕起来，还要有为棺柩引路的旗。商代送葬时打的旌旗上要有齿状边饰。在夏代二里头遗址发现了一座大坑套小坑的葬坑，小坑底部铺有半米多厚的朱砂。大坑应是墓穴，小坑为棺室。商代的殉葬之风甚重，贵族死后往往用人殉葬，少者几人，多者达百人。像河南安阳武官村一贵族墓，发掘殉葬尸骨达七十九人；而侯家庄一王墓，殉葬者竟达一百五十七人。

周代丧葬的礼仪极其烦琐而复杂，主要有以下程序：

(1) 初终。病危之人要居于正寝，家属要守候其旁，用絮丝放在临终者口鼻上察验是否气绝。若已停止呼吸，则全家皆哭。

(2) 复。是为死者招魂的仪式，由死者亲属或侍者拿着死者的上衣，站在屋顶，面向幽冥世界所在的北方，呼唤死者的名字，劝其灵魂返回。然后由另一人接过衣服，覆盖到死者身上。这一仪式是为挽救死者生命做的最后努力。

(3) 忳殓。把死者安放在正寝南窗下的床上，将角柶插入死者齿间，使其嘴张开，以便日后饭含。角柶是用角制的礼器，类匙。用几案将死者的脚固定，以便日后着履。然后用特制的殓衾覆盖尸体。还要在尸体东侧放置酒食，以供鬼魂食用。安放尸体的正寝堂上设帷帐，堂前西阶用竹竿挑起用细长的帛条做成的铭旌。死者家属换上丧服。

(4) 命赴。派人向死者的上级、亲属和朋友报丧。

(5) 吊唁。亲友闻讯穿上丧服，来吊丧、慰问死者，献上赠送死者的衣被。

（6）沐浴、饭含、袭尸。吊唁之后，在堂前西阶西面的墙下掘坎，用烧热的洗米水为死者洁身、栉发、修剪指甲，随后将栉下的乱发、剪下的指甲及死者嘴里的角柶等埋在坎中，浴毕的水也倒入。然后将珠玉、贝或饭食放入死者口中，叫“饭含”，意不让死者空着嘴到阴间去挨饿。然后给死者穿上特制的丧衣，称“袭尸”。再用瑱（一种小型玉制品）塞住死者之耳，用玉石片盖住死者面部，给死者戴冠穿履，再用衾覆盖整个尸身，将尸身移至堂中。在堂前庭中置一木牌，暂代神主牌位，象征死者之灵。

以上事情一般在一天内完成，待天黑时要在堂上燃烛。

（7）小殓。死者卒后次日早晨。为其穿入棺的寿衣，称“小殓”。这时，死者的近亲要抚尸捶胸顿足地痛哭。着装完毕后用衾被裹尸，以绞带束捆。然后亲友向死者致奠，献祭肉、甜酒等祭品。

（8）大殓。在死者卒后的第三天，举行入棺仪式，称“大殓”。之所以三天后，是防死者在这三天可能死而复生，到第三天已没希望了，所以入棺。已装尸体的棺称为“柩”，停柩称“殡”。既殡之后，死者家属要按同死者关系的亲疏，穿不同等级的丧服，丧服由重至轻，分为五种：①斩衰，用极粗的生麻布制成，制作时将麻布斩断，不加缝缉，形成毛边，故称“斩”。服期三年；②齐衰，亦以粗麻布为衣，但边缘缝缉整齐，故名“齐”。服期按与死者关系的亲疏，从三年到三个月不等；③大功，用一种经过锻制的、色微白的叫大功布的熟麻布制成，服期九个月；④小功，即用质地比大功布更密叫小功布的熟麻布制成，服期五个月；⑤缌麻，用细而疏的缌布制成，服期三个月。

(9) 朝夕哭奠，既夕哭，祖奠。在穿上丧服后到下葬，死者亲属每天早晚要在殡所哭奠，称“朝夕哭奠”。在下葬前两天晚上对灵柩进行最后的哭奠，称“既夕哭”。下葬前一天，要将灵柩用灵车迁入祖庙停放，并在祖庙祭奠，称“祖奠”。

(10) 下葬。在墓地掘好墓圹，铺垫石灰、木炭等，下葬之日用柩车运灵柩至墓地下葬。

周代的丧葬，除了烦琐的礼仪外，还有森严的等级规定。比如天子死叫“崩”、诸侯叫“薨”、大夫叫“卒”、士叫“不禄”、庶人叫“死”。棺椁规定天子四重、诸侯三重、大夫二重、士一重。死者口含玉、含贝、含谷也要按等级。其他包括殓衣的质料、殡的时间、陵墓的规模等，都有严格的等级的规定。

3. 姓氏的源起及发展

姓最早与母系氏族有关，它标志一个人由那个氏族出生，故一半为“生”；而在母系氏族社会，生下来后知其母不知其父，所以加上“女”字边，写作“姓”。许多古老的姓都以“女”字作偏旁，像姚、姬、姜、妫、姒等等，就是姓出于母系这一情况的反映。

在先秦时期，男子虽有姓，但并不把姓加在名字上面。而女子则必须称姓，因为同姓不同婚是古代社会长期存在的一项婚俗，不能违反。买妾时如果买来的妾不知姓，就要用占卜的方式来判定。

先秦的时候并非人人都有姓，姓只是具有一定身份的人才有，身份低下的人是没有姓的。一个人本来有姓，如果沦为奴，姓也就失掉了。所以姓是一种身份的标志。

氏是在族发展到一定阶段才出现的，它是家族的标记。上古时代的一些部族也被称为氏。商代已经有关于“氏”的明确记载，甲骨卜辞里就有氏名出现。西周时期许多贵族以官职为氏，到春秋时则氏多指某一家族。姓因生而定，是不变的。而氏因家族而分，是可变的。古人只要分立家支，往往就要命氏，故氏与宗法制相连。氏一般为贵族所有，出自王族、公族的，则称王孙氏、公孙氏，各诸侯国君主之子一般称公子，其孙则称公孙，但公孙之子便不可再称公孙了，而要以其祖父的字为氏。

中国人的姓氏，大致有以下来源：

（1）以动物为姓氏，可能原来为该氏族的图腾，如马、牛、羊、龙、熊、鹿等。

（2）以封国封地为姓氏，如虞、夏、商、周、齐、楚、鲁、卫、宋、韩、赵、魏、陈、蔡等。

（3）以官职为姓氏，如司徒、司马、司空、尹、尉、帅等。

（4）以祖先爵位或谥号为姓，如王孙、公孙、文、武、穆、庄等。

（5）以职业为姓氏，如贾、陶、车、裘、巫、史、祝等。

（6）以居住地方的特征为姓氏，如东郭、西门、南宫、江、池、杨、柳、李、林等。

（7）少数民族多复姓，则源于译音，如独孤、呼延、慕容、贺兰、尉迟、长孙等。

名在原始时代后期已出现，那个时期有“名”的多为一些英雄人物，像黄帝、炎帝、尧、舜、禹、蚩尤、共工等。一般认为这些人名同时又是族名。到夏代，人名多以单名为主，像启、相、杼等，有时也加一个表示先后顺序的词，如太康、少康等。商代的人名也仍以单名为主。到了周代，则对取名十分重视，有很多讲究了。像避讳的情况已出现，一般贵族避其祖、父之名，且无论男女都可加上伯、仲、叔、季等排行词。周代男子之名还往往加父、子等作为美称，如虢石父、子产等。总之，周代的人名较复杂，一人多名的现象比较普遍。

字是成人的标志，儿童是没有字的。男子只有在行冠礼（二十岁）后才有字，女子是行笄礼（十五岁，笄即发簪、女子插簪的年龄即成人）后有字。男子的字下面，常常系一“父”字，女子的则系一“母”字，表示已成人，可以做父母了。在起字时，往往要考虑与名相呼应，比如孔丘，字仲尼，丘为山，而其住地有尼山，故称；其弟子冉耕，字伯牛，耕与牛相连；颜回字子渊，取渊水回转之义等等。名和字在使用场合上有所区别，称字要比称名庄重而礼貌，所以称字，表示对某人的敬重。

三、春秋战国时期的风俗

1. 衣食住行

春秋战国时代在衣、食、住、行方面变化不是很大，大致与商周差不多。衣着上更讲究，不同身份的人有不同的服饰。平民百姓则穿麻布制成的衣服，叫“布衣”。吃的方面，烹调技术有了很大提高，已出现以烹调著名的人物，如易牙。肉食以牛、羊、猪为普遍，还爱吃狗肉，屠狗成为一门专门职业。住的方面，有钱人家讲究，门外有屏，称“萧墙”，门内为庭，即院子。主体建筑由堂、室、房组成，堂为行礼待客的地方，室、房为起居睡觉的地方。行的方面，富者出门，往往四马驾车。但车马不能行走陡峭的山路，要借助舆轿。舆轿起于何时难定，现在能见到的最早的舆轿实物是 1978 年从河南固始出土的春秋时期的三乘木质舆轿，它由底座、边框、立柱、栏杆、顶盖、轿轩和抬杠等部分组成，底座呈长方形，前面开小门，与后代的轿不同的是，它的轿杠不是固定在轿身中部，而是捆绑在底座边框上。从舆轿的结构看，当时制造的技术已相当成熟，可知此前应已有舆轿。此外，由于春秋战国时南方的战事不断，而南方多河流水域，所以造船业得到发展，河北平山出土的战国时期中山国的墓葬中，有三条大船、两条小船和若干木桨。这是目前我国所见最早的木板船实物。此外，从战国时期的青铜器上的舟战图案上我们可以看到当时战船的大致结构：船体瘦长，船头高昂似龙头，船尾翘起如龙尾。船分上、下层，下层有佩带短剑的划桨手，他们藏于船舱之内，以减少伤亡，保证战船的进退自如；上层船头建旌旗，船尾摆金鼓，中间站操戈执矛的士兵。

2. 婚丧风俗及节日

婚丧礼俗。西周时期，诸侯娶一国之女往往同时得到其他国家的媵妾的制度在春秋依然。齐桓公有三名夫人，还有六名“如夫人”，这六名“如夫人”就是各国陪嫁的媵妾。鲁成公将妹妹嫁给宋共公，卫、晋、齐三国都来送媵妾。

从《诗经》《左传》等记载看，当时的婚姻关系还是比较自由的。《左传》记载郑国的大夫徐吾犯的妹妹长得很漂亮，公孙楚和公孙黑两人都想娶她，徐吾犯让妹妹自己选择，结果他妹妹没看上有权势的公孙黑，而看上了穿戎服、善骑射的公孙楚。《诗经》里也有不少写男女大胆追求爱情的篇章。同时，当时妇女改嫁也是常见现象。

春秋时期，“烝”“报”婚制依然存在。像卫宣公之子昭伯，他的庶母宣姜是齐国之女，宣公死后，齐国就让昭伯娶了宣姜。但这种“烝”“报”婚制到了战国时期开始逐渐废除。还有一夫多妻制，在春秋时期继续实行，到战国时期也逐渐转为一夫一妻制。

丧葬方面，丧葬的礼仪仍如西周。而西周时的厚葬之风进入春秋战国以后更盛。像齐桓公，不仅墓中金、珠、宝玉等不可胜数，还用了不少人殉葬。湖北随县发现的战国曾侯乙墓，各种随葬品中仅青铜器就达十吨之重，其中包括著名的曾侯乙编钟。河北平山县发现的战国中山王室墓葬，各种随葬品达两万多件。中山国、曾国都是战国时期的小国，特别是曾国，更是不见记载的末等小国，但其葬礼仍如此奢华，其他大、中国家可想而知。这一时期，残忍的殉葬之风仍有保存，史载秦穆公死，曾以一百七十七人殉葬。齐桓公墓中的殉葬人数也不少，连曾侯乙墓中也发现了二十一处青年女子的殉葬。

在墓室建筑方面，开始墓室仍为土室，只有君主才用木石。大约从战国晚期起开始用大块的空心砖砌筑墓室。但无论土室、砖室，其结构都仿照死者生前居住的宫室、房屋，一般是坐北朝南，分前后两部分，前部分为堂，是行礼待客之处，后为室，室左右为房。室，为住人之处。当然这是指富人之墓，穷人之墓葬是没有这么讲究的。显贵者不仅墓室，连棺椁也有讲究。在棺之外隔较大的空隙，再加一层，就叫“椁”，棺椁之间的空隙就用来放陪葬品了。埋葬后原来是“不封不树”的，即既不起坟，又不种树设标志。大概从春秋中期开始出现了土丘坟，即埋葬后用土堆起土丘，以为标志。此风一起，有钱有势者竞相仿效，且土丘越堆越高，坟的高低成为身份等级的象征。此种风气一直沿袭到唐以前，唐开始帝王凿山为墓。

寒食、端午、七夕的源起。寒食节，形成于东汉时期，其源起和传说却可追溯至春秋战国。春秋晋文公流亡十九年，归来为君后对随从大肆封赏，相传其中一个叫介子推的不愿受封赏，避居山中。晋文公为迫其出山竟派人烧山，结果介子推宁死不出，抱着一棵树烧死了。晋文公深悔，用这棵树做木屐穿在脚下，怀念介子推时就叫“陛下、陛下”，所以“陛下”以后成为尊称。又下令，以后凡这一天，民间不得生火，称为“寒食”，这是寒食节由来的传说。唐宋以后，寒食节被清明节所代替。

端午节的正式形成在汉、晋之间，其源起却在周代。它首先源起于避邪。古人认为五月五日是个不吉利的日子，即为恶月恶日，因为这时暑热将至，毒虫滋生，疫疾易流行。《史记》记载，齐国贵族田婴有个儿子是五月五日生的，田婴认为不吉利，就下令抛弃他。五月五日既不祥，所以就要降毒避邪，古人认为兰草有避邪的功能，所以要采兰草避邪。因为相传屈原是在五月五日投汨罗江而死的，所以到汉晋之际又加入了纪念屈原的内涵。

五月五日的龙舟竞渡，起源于南方的楚、吴、越。因为五月南方多雨、多台风，往往造成洪灾，所以五月被认为是龙生之月，以龙船竞渡来崇拜、祈祷龙。到汉晋之际，又加入了为屈原招魂的含义。

七夕节，形成于东汉，源起于周代。《诗经·小雅·大东》已经用拟人手法写天上的织女、牛郎二星了。从战国开始，牵牛、织女二星的传说已蒙上了神话色彩。西汉初年作的《淮南子》已有乌鹊相连成桥，让织女通过以渡天河的记载了。